Die Salat-Bar

Die Salat-Bar

Sara Lewis

LOVE FOOD™

This edition published by Parragon Books Ltd

LOVE FOOD is an imprint of Parragon Books Ltd

Parragon Books Ltd
Chartist House
15–17 Trim Street
Bath BA1 1HA, UK
www.parragon.com

Entwurf und Realisation: Pene Parker und Becca Spry
Neue Rezepte und Food Styling: Sara Lewis
Fotografien: Haraala Hamilton

Realisation der deutschen Ausgabe:
trans texas publishing service GmbH, Köln
Übersetzung: Lisa Voges, Ravensburg

ISBN 978-1-4723-5413-6

Printed in China

Hinweis
Sofern die Schale von Zitrusfrüchten benötigt wird, verwenden Sie unbedingt unbehandelte, heiß abgewaschene Früchte. Sind Zutaten in Löffeln angegeben, ist immer ein gestrichener Löffel gemeint: Ein Teelöffel entspricht 5 ml, ein Esslöffel 15 ml. Sofern nicht anders angegeben, wird Magermilch (0,3 % Fett) verwendet. Eier und einzelne Gemüsestücke sind von mittlerer Größe. Pfeffer wird grundsätzlich frisch gemahlen verwendet. Wurzelgemüse sollte vor der Weiterverarbeitung geschält werden. Garnierungen, Dekorationen und Serviervorschläge sind optional und nicht unbedingt in der Zutatenliste oder Anleitung angegeben. Alle optionalen Zutaten und Zutaten zum Abschmecken sind nicht in der Nährwertanalyse enthalten. Gerichte mit rohen oder nur leicht gegarten Eiern sollten von Kindern, Senioren, Schwangeren, Kranken und Rekonvaleszenten gemieden werden. Schwangeren und stillenden Müttern wird überdies vom Verzehr von Erdnüssen und Erdnussprodukten abgeraten. Menschen mit Nussallergie sollten sich vor der Verwendung von Fertigprodukten vergewissern, dass diese keine Nüsse enthalten. Der Verlag rät, vor einer grundsätzlichen Ernährungsumstellung einen Arzt zu konsultieren. Der Verlag lehnt jede Haftung, Verlust oder Risiko in Verbindung oder als direkter oder indirekter Folge der Nutzung und/oder Anwendung des Buchinhalts ab. Die Autorin hat alle zum Zeitpunkt der Drucklegung aktuellen Informationen in diesem Buch nach bestem Wissen und Gewissen zusammengetragen und geprüft, medizinisches und pharmazeutisches Wissen entwickelt sich aber ständig weiter.

6 Salatbüfett

82 Gesund

12 Erfrischend

116 Schlank

48 Energiereich

152 Detox

Das Salatbüfett

Salate sind heute keine langweilige Beilage mehr aus grünen Blättern, Tomaten und Gurken. Urlaube im Ausland und der Kontakt mit fremden Kulturen haben zu einer Leidenschaft für kulinarische Experimente mit vielen Zutaten geführt. So lassen sich Salate aus der ganzen Welt kreieren und neue Ideen ausprobieren.

Salate vereinen eine Vielfalt an unterschiedlichen Texturen, wie zum Beispiel zartes Blattgrün mit knackigem Sellerie, Radieschen, Saaten und Nüssen oder cremige Avocado oder Weichkäse. Häufig lassen sich auch verschiedene Geschmacksrichtungen kombinieren wie salziger Feta mit pfeffrigem Rucola oder auch bitterer Radicchio mit süßlichem Balsamico-Essig.

Gesunde Ernährung

Ernährungsspezialisten sind sich einig, dass der Schlüssel für eine gesunde Ernährung vor allem in der Abwechslung liegt. Viel Gemüse und Obst kann Ihnen ein besseres Körpergefühl und mehr Energie verleihen. Bestimmten Krebsarten kann vorgebeugt und das Risiko von Herzerkrankungen, Diabetes und auch Verdauungsproblemen verringert werden.

Es wird empfohlen, täglich mindestens fünf Portionen Obst und Gemüse zu sich zu nehmen, und den Verzehr von Fleisch, Fett und zuckerhaltigen Nahrungsmitteln zu reduzieren. Mit vielen Salatgerichten ist man hier schon auf einem guten Weg.

Die meisten Zutaten für einen Salat werden roh oder nur leicht gegart verwendet. So ist ein optimaler Nährwert garantiert. Rohes muss meist länger gekaut werden als Gekochtes und wird vom Körper länger verdaut, was zu einem längeren Sättigungsgefühl beiträgt.

Salate sind nicht nur etwas für den Sommer. Mit saisonalen Zutaten wie Spargel im Frühling, Blattsalaten im Sommer, Kürbis im Herbst und Wurzelgemüse, Kohl, Getreide und Hülsenfrüchten im Winter können Sie das ganze Jahr über gesund essen.

Salate müssen nicht immer kalt serviert werden, sie können auch warmes Getreide, Röstgemüse, Fleischstreifen oder gebratene Garnelen enthalten oder in der kälteren Zeit durch Gewürze, frischen Ingwer und Knoblauch wohlige Wärme entfalten.

Blattsalate vorbereiten

Blattsalate sind empfindlich und werden schnell welk. Sie müssen vor dem Verzehr gewaschen werden, selbst vorgewaschener Beutelsalat profitiert von einem kurzen Frischebad, da viele Produkte mit Chemikalien behandelt wurden. Trennen Sie die Blätter und geben Sie sie in kaltes Wasser, lockern Sie sie etwas, sodass eventueller Schmutz ausgespült wird. Zum Abtropfen geben Sie die Blätter in ein Sieb und tupfen Sie sie trocken oder geben Sie sie in eine Salatschleuder. Nicht verwendeter Blattsalat hält sich ohne Dressing in einem Plastikbehälter oder Beutel im Gemüsefach des Kühlschranks. Dressing sollte erst unmittelbar vor dem Servieren zugegeben werden, damit die Blätter nicht zusammenfallen.

ABC der Blattsalate

Das Angebot an Salatsorten ist mittlerweile groß. Rucola, Mizuna oder Salatmangold lassen sich im Beet oder Pflanzkasten ziehen. Die ersten Blättchen können bereits nach sechs Wochen geerntet werden.

Brunnenkresse – eine Verwandte der Gartenkresse, mit pfeffrigem Aroma und blütenartigen Blättern.

Chicorée – helle längliche Stauden mit zartgrünen oder roten Spitzen und knackigem, bitterem Aroma.

Eisberg – kompakter Kopf mit großen, knackigen Blättern. Hält sich gut im Kühlschrank.

Erbsensprossen – bilden mit ihren hübschen, feinen Blättern eine attraktive Garnierung.

Feldsalat – zur Unterfamilie der Baldriangewächse gehörend. Dunkelgrüne kleine Blätter, die an der Wurzel zu einer Rosette zusammenlaufen.

Frisée – auch Krausendivie genannt, gehört zur Chicoréefamilie. Die stark gezackten Blätter haben ein leicht bitteres Aroma. Er macht sich sehr gut in gemischten Salaten, aber auch allein.

Kopfsalat – runder Kopf mit weichen, hellgrünen Blättern. Er hält sich nicht lange und sollte deshalb möglichst am Tag des Kaufs zubereitet werden.

Löwenzahn – im Handel nicht einfach zu bekommen. Junge, zarte Blätter können aber im Garten gepflückt, und dann gründlich gewaschen werden. Langstieligen, gelben französischen Löwenzahn gibt es schon mal beim Gemüsehändler.

Roter Salatmangold – kleine Blätter mit roten Adern und rotem Stiel. Alternativ können Rote-Bete-Blätter verwendet werden.

Mizuna – an Löwenzahn erinnernde Blätter mit einem feinen, leicht pfeffrigen Aroma.

Postelein – tellerförmige, fleischige Blätter an langen Stängeln, alle Teile, auch die Blüten sind genießbar.

Radicchio – dunkelroter, kompakter Kopf mit weißen Blattadern aus der Chicoréefamilie. Wird wegen seines bitteren Aromas meist mit anderen Salaten gemischt.

Romana- oder Römersalat – länglicher Kopf mit kräftig grünen Außenblättern und hellerem Herzen. Ausgeprägte mittlere Blattrippe. Bestandteil des klassischen Caesar Salad.

Rotblättrige Salate – Sorten wie Lollo Rosso oder roter Eichblattsalat. Die Blattfarbe reicht von Rot bis Bräunlich, im Inneren sind die Blätter grün.

Rucola – schmale, lange, gezackte Blätter. Die enthaltenen Senföle sorgen für ein leicht scharfes Aroma.

Salatherzen – kleine, kompakte Stauden, meist der Sorte „Little Gem" aus der Romanafamilie, mit süßlichen, knackigen Blättern. Auch in rotblättrigen Sorten erhältlich.

Senfblätter – junge, zarte, länglich geformte Blätter mit leicht violetten Rändern.

Spinat – zarte, dunkelgrüne Blätter, die sich gut mit milderen Blattsalaten ergänzen.

Und außerdem ...

Energiebombe Obst und Gemüse – sie liefern komplexe Kohlenhydrate für eine langsame Energiefreisetzung sowie lösliche und auch nicht lösliche Ballaststoffe für eine nachhaltige Zuckerabsorption im Blutkreislauf.

Protein plus – durch die Zugabe von gegrilltem magerem Steak, Hähnchen, Pute, Lachs, weißem Fisch oder gebratenen Garnelen wird ein einfacher Salat zu einer nahrhaften, eiweißreichen Mahlzeit. Vegetarische Alternativen sind Tofuwürfel, zerkrümelter Feta, gewürfelter Brie oder Parmesanspäne. Da wir mit der Nahrung mehr Protein aufnehmen, als wir brauchen, reichen schon kleine Mengen in Streifen oder Würfel geschnitten aus. Ernährungswissenschaftlich empfohlen sind sowieso nur 120 g rotes Fleisch pro Person.

Vitamine – für einen Betacarotinkick wählen Sie orangefleischige Melone, Kürbis, Karotten, Papaya und Mango, dunkles Blattgemüse, Tomaten und rote Paprika. Gute Vitamin-C-Quellen sind Paprika, grünes Blattgemüse, Grünkohl, Brokkoli, Zitrusfrüchte, Beeren, Mangos und Papayas.

Mineralienspritze Nüsse und Saaten – sie liefern Vitamin E, Eisen, Zink, Magnesium, Proteine und Ballaststoffe. Einige Saaten wie Leinsamen enthalten auch Omega-3-Fettsäuren. Nüsse (außer Kokosnuss) sind reich an einfach ungesättigten Fetten, während in Samen viele mehrfach ungesättigte Fette stecken. Das macht sie zwar relativ kalorienreich, aber auch hier reicht eine kleine Menge schon aus.

Volles Korn – hier hat man die Wahl zwischen Zartweizen, Buchweizen, Bulgur, Couscous, Quinoa, Graupen, Haferschrot und Linsen. Alle sind reich an Proteinen, komplexen Kohlenhydraten, Vitaminen und Mineralien. Daneben enthalten sie lösliche Ballaststoffe, die den Cholesterinspiegel senken, sowie unlösliche Ballaststoffe für eine gesunde Verdauung. Anders als bei Fleisch sollten pflanzliche Eiweißquellen möglichst mit einer zweiten kombiniert werden. Nur Quinoa enthält alle essenziellen Fettsäuren.

Vinaigrette – einfach zubereitet

Die traditionelle Mischung dieser klassischen französischen Salatsauce besteht aus drei Teilen Öl und einem Teil Essig, abgeschmeckt mit etwas Salz und Pfeffer sowie Aromen nach Wahl. Das Mischverhältnis kann variieren, denn es ist abhängig vom Säuregehalt des Essigs und der Stärke des Ölaromas.

Das Geheimnis einer guten Vinaigrette ist, den Essig mit einem Emulgator, z. B. Dijon-Senf, einer sehr fein gehackten Schalotte oder Honig, zu verrühren. Dann wird das Öl unter ständigem Rühren in einem dünnen Strahl dazugegossen, bis Essig und Öl emulgieren und die Textur glatt und dicklich ist. Je kräftiger geschlagen wird, desto dicker die Vinaigrette.

Wenn die Vinaigrette zu dünn oder geronnen ist, füllen Sie sie in eine saubere Schale um, geben einen weiteren Teelöffel Senf, einen Esslöffel Crème fraîche oder Naturjoghurt dazu und rühren langsam, bis die Sauce wieder glatt ist.

Schmecken Sie sie mit Salz und Pfeffer ab und prüfen Sie, ob das Öl-Essig-Verhältnis in Ordnung ist. Probieren Sie noch einmal, wenn der Salat damit angemacht ist. Eine gute Vinaigrette besteht aus wenigen Zutaten, weshalb ein ausgewogenes Mischungsverhältnis entscheidend ist.

Zum Aromatisieren der Vinaigrette geben Sie ein paar fein gehackte frische Kräuter wie Estragon, Schnittlauch, Petersilie, Minze, Koriander oder Knoblauch dazu; und für eine asiatische Note einen Spritzer Sojasauce und etwas fein geriebenen frischen Ingwer. Wer es feuriger mag, fügt entkernte, fein gehackte Chili, etwas Tabasco und Worcestersauce oder einen Schuss Cognac hinzu. Weitere geeignete Aromen sind gerösteter und grob zerstoßener Koriander, Kreuzkümmel, Fenchelsamen oder etwas Tomatenpesto.

Das richtige Öl

Olivenöl gehört zu den beliebtesten Salatölen. Man hat die Wahl zwischen nativem Öl extra, nativem oder einfachem Olivenöl, ein goldenes Öl aus der letzten Pressung. Abhängig von Ursprungsland oder Region variieren sie stark im Aroma – von pfeffrig bis salzig, über fruchtig bis cremig und mild. Nicht erhitztes Olivenöl ist ein guter Vitamin-E-Lieferant und reich an Flavonoiden und einfach gesättigten Fettsäuren. Sie erhöhen nicht den Cholesterinspiegel, sondern helfen sogar, ihn zu senken.

Nussöle wie Wal- oder Haselnussöl verleihen ihrem Dressing ein intensives Aroma, sind meist aber recht teuer. Am besten werden sie halb und halb mit einem neutralen Öl gemischt. Sesamöl, das aus gerösteter

Sesamsaat gewonnen wird, hat auch ein intensives Aroma mit einer leicht rauchigen Note und eignet sich natürlich bestens für asiatische Kreationen.

Halten Sie Ausschau nach Lein- und Hanföl. Genau wie Olivenöl werden sie durch minimale Erhitzung gewonnen. Einige sind auch kalt gepresst und enthalten dann mehr Pflanzenstoffe und essenzielle Fettsäuren. Sie werden ohne Herbizide, Pestizide, Bleich- und Desodorierungsmittel hergestellt.

Hanföl ist reich an Omega-3-Fettsäuren. Ein Esslöffel deckt fast den Tagesbedarf eines Erwachsenen. Es sorgt für schönes Haar, eine gute Haut, das Immunsystem und die Gelenke. Außerdem werden ihm entzündungshemmende Eigenschaften zugesprochen.

Reisöl hat ein sehr zurückhaltendes Aroma. Es ist reich an Vitamin E und eignet sich auch zum Kochen. Färberdistelöl und Sonnenblumenöl enthalten reichlich Omega-6-Fettsäuren. Häufig sind diese Öle, so wie auch Pflanzenölmischungen und Traubenkernöl, viel stärker verarbeitet als andere.

Nuss- und Saatenöle sollten, einmal angebrochen, dunkel und kühl gelagert werden. Kaufen Sie sie also am besten nur in möglichst kleinen Einheiten.

Der richtige Essig

Gängige Sorten sind Weiß- oder Rotweinessig, Apfel-, Sherry- oder Balsamico-Essig. Sherry-Essig hat ein volles, tiefes Aroma, ist aber leichter als Balsamico. Echter Balsamico ist ein Produkt mit Herkunftsbezeichnung aus dem italienischen Modena und wird aus gekeltertem Traubensaft hergestellt, der in Holzfässern über Jahre reift und ein süß-säuerliches, weiches Aroma birgt. Guter Balsamico kann bereits allein als Dressing genügen.

Einfache Vinaigrette

Für eine einfache Vinaigrette 1 Esslöffel Weiß- oder Rotweinessig und 3 Esslöffel Olivenöl in ein Schraubglas füllen. Je 1 Teelöffel Dijon-Senf und flüssigen Honig zufügen. Salzen und pfeffern. Dann das Glas zuschrauben und schütteln. Je kräftiger und länger Sie schütteln, desto besser emulgiert die Vinaigrette. Sie gelingt nicht so cremig und dick wie eine handgerührte, ist aber dennoch lecker.

Angemacht

Vinaigrette – die klassische Öl-Essig-Emulsion. Man kann sie mit Dijon- oder körnigem Senf, einer fein gehackten Schalotte oder fein gehackten frischen Kräutern verfeinern und mit etwas flüssigem Honig süßen. Rühren Sie die Zutaten glatt, wobei das Öl als Letztes in einem dünnen Strahl zugegossen wird.

Schlanke und gesunde Dressings – Mayonnaise- und Sahne- oder Blauschimmeldressings sind Kalorienbomben. Um den Fettgehalt zu reduzieren, ersetzen Sie die Hälfte durch Naturjoghurt. Für ein schlankes Dressing verwenden Sie 0,1%igen Joghurt mit frisch gehackten Kräutern, fein gehacktem Knoblauch und zerstoßenem Pfeffer, gemahlenen Gewürzen oder mit einer Mischung daraus sowie einer Prise Streusüße. Für ein säuerliches, leichtes und Vitamin-C-reiches Dressing nehmen Sie frisch gepressten Zitronen-, Limetten- oder Orangensaft, mit Salz und Pfeffer gewürzt. Leinsamen sorgen für ein gesundes Plus.

Lactosefreie Dressings – eine Mischung aus Orangen- oder Zitronensaft, Dijon-Senf und etwas Balsamico schmeckt immer. Probieren Sie auch Limettensaft mit frisch geriebenem Ingwer und Sojasauce. Profitieren Sie hier einfach von der großen Auswahl an schmackhaften Ölen.

Klassische Vinaigrette
Lactosefreie Dressings

Gesunde Dressings
Schlanke Dressings

Erfrischend

Klassischer Schinken-Melonen-Salat mit Pecorino

Pro Portion: 328 kcal 21,3 g Fett 5,2 g ges. Fetts. 17,2 g Eiweiß 22,7 g Kohlenhydrate 2,2 g Ballaststoffe

Von diesem Salat können Sie auch eine große Schüssel essen, ohne sich überfüllt zu fühlen. Melonen haben fast keine Kalorien! Die Kombination aus salzigem Schinken und Käse mit erfrischender Melone ist perfekt für einen heißen Sommertag.

Für 4 Personen

* 400 g Wassermelonenfleisch, in dünnen Scheiben
* 400 g Cantaloupemelonenfleisch, in dünnen Scheiben
* 400 g Honigmelonenfleisch, in dünnen Scheiben
* 140 g Parmaschinken, in Scheiben
* 25 g Pecorino, gehobelt
* 25 g frisches Basilikum

Dressing

* 4 EL leichtes Olivenöl
* 4 EL alter Sherry-Essig
* Salz und Pfeffer

So geht's

Die Melonenscheiben auf einem großen Servierteller anrichten. Große Schinkenscheiben halbieren und locker gefaltet auf den Melonen verteilen.

Für das Dressing Öl und Essig in ein Schraubglas füllen. Großzügig salzen und pfeffern. Zuschrauben und kräftig schütteln. Über Melonen und Schinken träufeln.

Mit Pecorino und gezupftem Basilikum garnieren. Sofort servieren.

Melonen-Detox

Melonen haben sehr wenig Kalorien: 19–31 kcal pro 100 g. Je orangefarbener sie sind, desto mehr gesunde Betacarotine enthalten sie. Betacarotine sorgen mit den Vitaminen C und E sowie Mineralien für aktiven Schutz der Zellen vor schädlichen Oxidantien durch Verschmutzung, Pestizide, Rauchen oder Stress.

Erfrischender Rindfleischsalat

Pro Portion: 352 kcal 20 g Fett 3,5 g ges. Fetts. 31,6 g Eiweiß 15 g Kohlenhydrate 2,9 g Ballaststoffe

Ein von der Thai-Küche inspirierter Salat mit hauchdünnen Rindfleischstreifen, knackigen Radieschen, supergesundem Grünkohl, kühlender Minze und Koriander, verfeinert mit einem pikanten Limettendressing.

Für 4 Personen

* ½ Eisbergsalat, in mundgerechten Stücken
* 200 g Radieschen, in feinen Scheiben
* 4 Schalotten, in feinen Ringen
* 80 g Grünkohl, in mundgerechten Stücken
* 2 EL getrocknete Goji-Beeren
* 25 g frische Minze, grob gehackt
* 25 g frischer Koriander, grob gehackt
* 2 Rinderfiletsteaks (à 250 g), pariert
* 4 EL Sonnenblumenöl
* Saft von 1 Limette
* 1 EL Sojasauce
* Salz und Pfeffer

So geht's

Salat, Radieschen, Schalotten, Kohl, Goji-Beeren und Kräuter in einer großen Salatschüssel mischen.

Eine gerippte Grillpfanne stark erhitzen. Die Steaks mit 1 Esslöffel Öl bestreichen und mit etwas Salz und Pfeffer würzen. In der heißen Pfanne von jeder Seite nach Belieben 2 Minuten (englisch), 3 Minuten (medium) oder 4 Minuten (durchgegart) braten. Die Steaks auf einen Teller heben und einige Minuten ruhen lassen.

Inzwischen für das Dressing Limettensaft, Sojasauce und restliches Öl in ein Schraubglas füllen, zuschrauben und kräftig schütteln. Über den Salat träufeln und unterheben.

Den Salat auf vier Servierschalen verteilen. Die Steaks in dünne Streifen schneiden und auf den Salatportionen anrichten. Sofort servieren.

Minze für den Bauch

Frische Minze ist reich an Chlorophyll, Antioxidantien und den ätherischen Ölen Menthol, Menthoin und Methylacetat. Sie erfrischt den Atem und hilft bei Magenverstimmungen, mildert Blähungen und Darmbeschwerden.

Putensalat mit Tamarinde

Pro Portion: 302 kcal 15,2 g Fett 1,8 g ges. Fetts. 29,2 g Eiweiß 14 g Kohlenhydrate 1,8 g Ballaststoffe

Tamarinde verleiht diesem Salat ein feinsäuerliches Aroma, das wunderbar mit Orangensaft und Muskovadozucker harmoniert. Das spritzige Dressing fungiert zudem als feine Glasur für das gebratene Putenfleisch – köstlich!

Für 4 Personen

* 4 EL Sonnenblumenöl
* 450 g Putenbrust, klein gewürfelt
* ½ Eisbergsalat, in mundgerechten Stücken
* 50 g Chicorée, zerteilt
* 85 g Grünkohl, in mundgerechten Stücken
* 150 g Salatgurke, gewürfelt
* ½ kleine rote Zwiebel, in feinen Ringen
* Orangenzesten, zum Garnieren

Dressing

* 2 TL Tamarindenpaste (ggf. Kerne entfernen)
* fein abgeriebene Schale und Saft von 1 Orange
* 2-cm-Stück frische Ingwerwurzel, geschält und fein gerieben
* 2 Knoblauchzehen, fein gehackt
* 4 TL Ahornsirup
* Salz und Pfeffer

So geht's

Für das Dressing Tamarindenpaste, Orangenschale und -saft, Ingwer, Knoblauch und Ahornsirup in einer Schale verrühren. Mit Salz und Pfeffer abschmecken.

Für den Salat 2 Esslöffel Öl in einer großen Pfanne erhitzen. Die Fleischwürfel darin bei mittlerer bis starker Hitze 5 Minuten rundum goldbraun und gar braten. Zur Probe ein Fleischstück durchschneiden; es darf in der Mitte nicht mehr rosa sein, und der Fleischsaft muss klar aussehen. Die Hälfte des Dressings zufügen und weitere 2–3 Minuten braten, bis die Fleischwürfel glasiert sind. Auf einen Teller geben.

Salat, Chicorée und Kohl in einer Salatschüssel mit Gurke und Zwiebel mischen.

Das restliche Öl in das restliche Dressing rühren und unter den Salat heben. Die noch warmen Putenfleischwürfel darauf verteilen. Mit Orangenzesten garnieren und sofort servieren.

Für Ihre Gesundheit!

Wer viel Obst und Gemüse isst, schützt seinen Körper vor Herzerkrankungen und reduziert das Schlaganfallrisiko um bis zu 30 Prozent.

Fruchtiger Floridasalat

Pro Portion: 229 kcal 8,4 g Fett 1 g ges. Fetts. 21,6 g Eiweiß 18,6 g Kohlenhydrate 4 g Ballaststoffe

Dieser supergesunde Salat mit knackigem Kohl strotzt nur so vor spritzigen Zitrusfrüchten. Und statt mit kalorienreicher Mayonnaise wird er mit einem leichten Limettendressing angemacht.

Für 4 Personen

* 2 EL Sonnenblumenöl
* 250 g Hähnchenbrustfilet, in Scheiben
* ¼ TL zerstoßene getrocknete rote Chili
* 1 rosa Grapefruit, geschält, filetiert (Reste aufbewahren)
* 1 Orange, geschält, filetiert (Reste aufbewahren)
* 1 kleine Mango, geschält, Fruchtfleisch vom Stein geschnitten und gewürfelt
* 225 g Weißkohl, gehobelt
* 55 g Grünkohl, in feinen Streifen
* Salz und Pfeffer

Dressing

* Saft von 1 Limette
* 1 TL Dijon-Senf
* 2-cm-Stück frische Ingwerwurzel, geschält und fein gerieben

So geht's

Einen Esslöffel Öl in einer Pfanne erhitzen. Die Hähnchenscheiben zugeben. Mit Chili, etwas Salz und Pfeffer würzen und bei mittlerer bis starker Hitze 8–10 Minuten unter ein- bis zweimaligem Wenden goldbraun und gar braten. Zur Probe ein Fleischstück durchschneiden; es darf in der Mitte nicht mehr rosa sein, und der Fleischsaft muss klar aussehen. Auf einen Teller heben.

Grapefruit- und Orangenfilets in einer Salatschüssel mit Mango, Weiß- und Grünkohl mischen.

Für das Dressing den Saft aus den Grapefruit- und Orangenresten in ein Schraubglas pressen. Limettensaft, Senf, Ingwer und restliches Öl zufügen. Salzen und pfeffern. Kräftig schütteln. Über den Salat träufeln und unterheben.

Den Salat auf vier Servierschalen aufteilen. Das Hähnchenfleisch in feine Streifen teilen und auf den Portionen anrichten. Sofort servieren.

Putensalat mit Tamarinde
Seite 18
Fruchtiger Floridasalat
Seite 19

Salat mit gegrilltem Wolfsbarsch

Dieser leichte, pikante Salat mit gegrilltem mariniertem Wolfsbarsch steckt voller Vitamine und Mineralien und verleiht Ihnen neue Energie, ohne zu belasten.

Für 4 Personen

- 85 g Babyspinat
- 40 g Feldsalat
- 40 g roter Salatmangold
- 2 rosa Grapefruits, geschält, filetiert (Reste aufbewahren)
- 1 Orange, geschält, filetiert (Reste aufbewahren)
- 4 Wolfsbarschfilets
- fein abgeriebene Schale und Saft von 1 Limette
- 3 EL Olivenöl
- 1 TL flüssiger Honig
- Salz und Pfeffer
- 2 EL fein gehackter frischer Koriander, zum Garnieren

So geht's

Spinat, Feldsalat und Mangold in einer Salatschüssel mischen. Grapefruit- und Orangenfilets darauf verteilen. Den Saft aus den Resten der Zitrusfrüchte in ein Schraubglas pressen.

Den Backofengrill vorheizen und eine flache Bratform mit Alufolie auslegen. Die Fischfilets mit der Hautseite nach unten hineingeben. Mit der Limettenschale bestreuen und mit dem Limettensaft beträufeln. Salzen und pfeffern. Den Fisch wenden, salzen und pfeffern und mit 1 Esslöffel Olivenöl beträufeln. Unter einmaligem Wenden 6–8 Minuten grillen, bis die Haut gebräunt und das Fleisch glasig ist und sich auf Fingerdruck löst.

Für das Dressing restliches Öl und Honig zum Zitrussaft in das Schraubglas geben. Salzen und pfeffern. Kräftig schütteln. Das Dressing über den Salat träufeln und unterheben. Den Salat auf vier Servierteller aufteilen.

Die Fischfilets in mundgerechte Stücke teilen und auf den Salatportionen anrichten. Mit dem Koriander garnieren. Den Saft aus der Bratform darüberträufeln und sofort servieren.

Pro Portion: 260 kcal 6,7 g Fett 1,2 g ges. Fetts. 30 g Eiweiß 20,7 g Kohlenhydrate 3,5 g Ballaststoffe

Sauer macht lustig!

Zur farbenfrohen Familie der Zitrusfrüchte gehören Orangen, Kumquats, Zitronen, Limetten, Grapefruits, Mandarinen, Pomelos und andere Hybridfrüchte. Allesamt gehören sie zu den besten pflanzlichen Vitamin-C-Quellen. Eine mittelgroße Orange liefert doppelt so viel Vitamin C wie allgemein empfohlen. Vitamin C ist unter anderem bedeutsam für die Eisenaufnahme, was besonders wichtig ist, wenn Sie wenig Fleisch essen. Darüber hinaus unterstützt es das Immunsystem und wirkt heilend bei Entzündungen des Nasenraums sowie bei Schnupfen, Erkältungen oder Heuschnupfen. Eine hohe Vitamin-C-Zufuhr kann auch das Risiko von Herzkranzgefäßerkrankungen um bis zu 40 Prozent senken und die Hautalterung mindern. Pink Grapefruit und Blutorangen enthalten zudem viele Betacarotine, während Zitronen den Pflanzenstoff Limonen enthalten, der vor Krebs schützen soll.

Meeresfrüchtesalat

Pro Portion: 272 kcal 15,7 g Fett 2,3 g ges. Fetts. 22 g Eiweiß 10,2 g Kohlenhydrate 0,5 g Ballaststoffe

Meeresfrüchte sind so erfrischend wie eine Seebrise,
nur dass man für diesen Salat nicht extra ans Meer reisen muss.

Für 4 Personen

* 250 g frische Miesmuscheln, abgebürstet und Bärte entfernt
* 350 g frische Jakobsmuscheln, geöffnet und gesäubert
* 250 g küchenfertige Kalmare, in Ringe und Tentakel geteilt
* 1 rote Zwiebel, in feinen Ringen
* 1 Zitrone, geviertelt, zum Servieren

Dressing

* 4 EL natives Olivenöl extra
* 2 EL Weißweinessig
* 1 EL Zitronensaft
* 1 Knoblauchzehe, fein gehackt
* 1 EL fein gehackte frische glatte Petersilie, plus 1 EL zum Garnieren
* Salz und Pfeffer

So geht's

Miesmuscheln mit beschädigter Schale oder Exemplare, die sich beim Draufklopfen nicht sofort schließen, aussortieren. Die Muscheln in ein Sieb geben und unter fließend kaltem Wasser abspülen. Mit etwas Wasser in einen großen Topf geben und bei geschlossenem Deckel und starker Hitze 3–4 Minuten garen, bis sich die Muscheln geöffnet haben. Dabei gelegentlich am Topf rütteln. Exemplare, die sich nicht geöffnet haben, aussortieren. Die Muscheln abgießen und den Sud auffangen. Unter kaltem Wasser abschrecken und abtropfen lassen.

Den Sud wieder in den Topf geben und zum Kochen bringen. Jakobsmuscheln und Kalmar zufügen und 3 Minuten garen. Den Sud abgießen und die Meeresfrüchte unter kaltem Wasser abschrecken. Abtropfen lassen.

Die Miesmuscheln aus den Schalen lösen und mit den anderen Meeresfrüchten in einer Salatschüssel mischen. Abkühlen lassen. Mit Frischhaltefolie abgedeckt 45 Minuten im Kühlschrank ruhen lassen. Dann die Zwiebel unterheben und auf vier Servierschalen verteilen.

Für das Dressing Öl, Essig, Zitronensaft, Knoblauch und Petersilie in ein Schraubglas füllen. Salzen und pfeffern. Kräftig schütteln. Über die Meeresfrüchte träufeln. Mit der Petersilie garnieren. Sofort mit den Zitronenspalten servieren.

Meeresschätze

Meeresfrüchte enthalten generell viele Proteine, Vitamine und Mineralien und sind gleichzeitig kalorienarm. Muscheln sind eine gute Quelle für die Spurenelemente Selen und Zink, die zusammen mit Vitamin E für gesundes Zellwachstum und Fruchtbarkeit sorgen.

Feuriger Calamari-Salat

Pro Portion: 506 kcal 37,7 g Fett 5,5 g ges. Fetts. 29,2 g Eiweiß 13 g Kohlenhydrate 1,2 g Ballaststoffe

Bei dieser zitrusfrischen Mischung aus kurz gebratenem Tintenfisch mit Chili und kühlendem, knackigem Grünzeug wachen nicht nur Ihre Geschmacksknospen auf!

Für 4 Personen

* 700 g küchenfertige Kalmare, in Mantel und Tentakel geteilt
* 3 EL Olivenöl
* 1 roter Chili, entkernt und in feinen Ringen
* 2 Frühlingszwiebeln, fein gehackt
* 1 Spritzer Zitronensaft, plus Zitronenspalten zum Servieren
* 100 g Brunnenkresse
* 70 g Babyspinat
* Salz und Pfeffer

Dressing

* 100 ml Olivenöl
* Saft von 1 Limette
* 1 TL flüssiger Honig
* 2 Schalotten, in feinen Ringen
* 1 Tomate, gehäutet, entkernt und fein gewürfelt
* 1 Knoblauchzehe, zerdrückt

So geht's

Für das Dressing alle Zutaten in eine Schale geben. Salzen und pfeffern. Gut verrühren und bis zum Gebrauch im Kühlschrank ziehen lassen.

Die Kalmarmäntel in 5 cm große Stücke schneiden und ein Rautenmuster einritzen. Das Öl in einer großen Pfanne erhitzen. Die Kalmarstücke und Tentakel darin bei starker Hitze 1 Minute unter Rühren anbraten. Chili und Frühlingszwiebeln zufügen und 1 Minute mitbraten. Großzügig mit Salz und Pfeffer würzen. Einen ordentlichen Spritzer Zitronensaft zufügen.

Brunnenkresse und Spinat in einer Salatschüssel mischen. Die Kalmarstücke zufügen. Mit so viel Dressing beträufeln, dass alles überzogen ist. Sorgfältig mischen. Sofort mit Zitronenspalten zum Beträufeln servieren.

Spitzenwerte

Tintenfisch kann bis zu 90 Prozent des täglichen Kupferbedarfs decken. Kupfer ist ein Spurenelement, das für die Aufnahme, Speicherung und Umwandlung von Eisen und die Bildung der roten Blutkörperchen benötigt wird. Kupfermangel kann Anämie zur Folge haben.

Rucola mit Ziegenkäse & Wassermelone

Pro Portion: 207 kcal 11 g Fett 7,1 g ges. Fetts. 11 g Eiweiß 19,4 g Kohlenhydrate 1,8 g Ballaststoffe

Der cremige Ziegenkäse schafft einen wunderbaren Ausgleich zu der mit Chili aromatisierten Wassermelone. Das Ganze ist herrlich erfrischend und im Handumdrehen zubereitet. Da will man direkt mehr.

Für 4 Personen

- 800 g Wassermelonenfleisch, in großen Würfeln
- fein abgeriebene Schale und Saft von 2 großen Limetten, plus Limettenspalten zum Servieren
- ½–1 roter Chili, entkernt und fein gehackt
- 55 g frischer Koriander, grob gehackt
- 70 g Rucola
- 115 g Ziegenweichkäse, gewürfelt
- Salz und Pfeffer

So geht's

Wassermelone, Limettenschale und -saft sowie Chili in eine große Salatschüssel geben. Salzen und pfeffern.

Koriander, Rucola und Ziegenkäse vorsichtig unterheben. Mit Limettenspalten servieren.

Durstlöscher Wassermelone

Es wird allgemein empfohlen, täglich mindestens 2 Liter Flüssigkeit zu sich zu nehmen. Dabei sollte man nicht nur an Getränke denken, auch unsere Nahrungsmittel enthalten Wasser – so die Wassermelone, die aus bis zu 80 Prozent Wasser besteht. Reife Früchte enthalten außerdem ein wirksames Antioxidans (Glutathion), das das Immunsystem unterstützt und Infektionen bekämpft.

Salat aus gefüllten Ofenpaprika

Pro Portion: 321 kcal 27,5 g Fett 5,7 g ges. Fetts. 7,6 g Eiweiß 12,3 g Kohlenhydrate 2,8 g Ballaststoffe

Fangen Sie mit diesem Salat aus gerösteten bunten Paprika die Aromen des Mittelmeers ein. Viele Antioxidantien gibt es gratis dazu!

Für 4 Personen

* 2 rote Paprika, halbiert und entkernt
* 2 gelbe Paprika, halbiert und entkernt
* 1 rote Zwiebel, grob gehackt
* 2 Knoblauchzehen, fein gehackt
* 6 EL Olivenöl
* 100 g Minimozzarella-Kugeln, abgetropft
* 2 EL grob zerzupftes frisches Basilikum
* 2 EL Balsamico-Essig
* Salz und Pfeffer

So geht's

Den Backofen auf 190 °C vorheizen. Die Paprikahälften mit der Schnittseite nach oben nebeneinander in eine flache Bratform setzen. Mit Zwiebeln und Knoblauch bestreuen und großzügig salzen und pfeffern. Mit 3 Esslöffeln Olivenöl beträufeln. Im vorgeheizten Ofen 40 Minuten weich garen. Abkühlen lassen.

Die Paprika in eine Servierform heben und mit dem Saft aus der Bratform beträufeln. Mozzarella und Basilikum darauf verteilen.

Für das Dressing restliches Olivenöl und Balsamico-Essig verrühren und über die Paprika träufeln. Vor dem Servieren mindestens 2 Stunden abgedeckt im Kühlschrank ziehen lassen.

Paprika-Power

Alle Paprikasorten sind reich an den Vitaminen A, C und K, aber besonders viel davon steckt in roter Paprika. Die antioxidativen Vitamine A und C schützen vor Zellschäden, Krebs und alterungsbedingten Krankheiten und unterstützen das Immunsystem. Sie reduzieren Entzündungen wie sie bei Arthritis und Asthma entstehen.

Ach so gesunder griechischer Hirtensalat

Pro Portion: 208 kcal 17,4 g Fett 5,8 g ges. Fetts. 5,8 g Eiweiß 8,8 g Kohlenhydrate 1,8 g Ballaststoffe

Eine mediterrane Diät mit viel Olivenöl, sonnenverwöhntem Gemüse und Zitronen gilt seit Langem als gesund, und dieser einfache Salat ist ein leckeres Beispiel dafür. Allerdings schmeckt er nur so gut wie die Tomaten, die Sie dafür aussuchen.

Für 4 Personen

- 25 g blanchierte Weinblätter, abgetropft
- 300 g Tomaten, in feinen Scheiben
- 150 g Salatgurke, geschält und in feinen Scheiben
- 1 kleine rote Zwiebel, in feinen Ringen
- 115 g Feta (Abtropfgewicht), gewürfelt
- 32 entsteinte schwarze Oliven

Dressing

- 3 EL natives Olivenöl extra
- 1 EL Zitronensaft
- ½ TL getrockneter Oregano
- Salz und Pfeffer

So geht's

Die Weinblätter auf vier Serviertellern auslegen. Erst Tomaten, Gurke und Zwiebel darauf verteilen, dann Feta und Oliven.

Für das Dressing Öl, Zitronensaft und Oregano in ein Schraubglas füllen, zuschrauben und kräftig schütteln. Über den Salat träufeln. Salzen und pfeffern. Sofort servieren.

Fabelhafter Feta

Feta wird aus Ziegen- oder Schafsmilch hergestellt und liefert reichlich Calcium, das für gesunde Knochen und zur Vorbeugung von Osteoporose benötigt wird, sowie Vitamin B12, das unsere Hirntätigkeit unterstützt. Sagen Sie also Ja zu Feta!

Rote-Bete-Zaziki-Schiffchen

Pro Portion: 50 kcal 0,8 g Fett 0,5 g ges. Fetts. 4,8 g Eiweiß 6,6 g Kohlenhydrate 1,5 g Ballaststoffe

Diese kleinen Happen sind eine tolle Vorspeise, machen sich aber auch hervorragend mit anderen Kleinigkeiten zu einem Getränk.

Für 4 Personen

- 115 g gegarte Rote Bete (Abtropfgewicht), gewürfelt
- 150 g Salatgurke, gewürfelt
- 40 g Radieschen, gewürfelt
- 1 Frühlingszwiebel, fein gehackt
- 12 kleine, feste Romana-Salatherzblätter

Dressing

- 150 g fettarmer griechischer Joghurt (2 % Fett)
- ¼ TL gemahlener Kreuzkümmel
- ½ TL flüssiger Honig
- 2 EL fein gehackte frische Minze
- Salz und Pfeffer

So geht's

Für das Dressing Joghurt, Kreuzkümmel, Honig und Minze in einer Schüssel verrühren. Mit Salz und Pfeffer abschmecken.

Rote Bete, Gurke, Radieschen und Frühlingszwiebel unterheben.

Die Salatblätter auf eine Servierplatte setzen und mit der Rote-Bete-Mischung füllen. Sofort servieren.

Bestes Blatt

Die äußeren Blätter von Blattsalaten enthalten die meisten Betacarotine und Vitamin C sowie kleinere Mengen Folsäure und Eisen. In der Pflanzenheilkunde gilt Salat als beruhigend und schlaffördernd.

Erfrischendes Zitrusdressing – bitte bitter

Pro Portion: 103 kcal 7 g Fett 1,2 g ges. Fetts. 1,5 g Eiweiß 9,6 g Kohlenhydrate 1,8 g Ballaststoffe

Fangen Sie den Sommer mit diesen Blattsalaten voll gesunder Bitterstoffe unter einem erfrischenden Orangen-Zitronen-Dressing und einem Hauch Sojasauce ein.

Für 4 Personen

- ¼ Friséesalat, in mundgerechten Stücken
- 50 g Babyspinat
- 70 g gemischte junge Salatblätter, z.B. Postelein, Rucola
- 120 g Blaubeeren
- einige essbare Blüten, z.B. Veilchen, Kapuzinerkresse (nach Belieben), zum Garnieren

Dressing

- fein abgeriebene Schale und Saft von ½ kleinen Orange, plus etwas Abrieb zum Garnieren
- fein abgeriebene Schale und Saft von ½ Zitrone, plus etwas Abrieb zum Garnieren
- 1 EL helle Sojasauce
- 2 EL Reisöl
- 1 TL flüssiger Honig
- Pfeffer

So geht's

Frisée, Spinat und junge Salatblätter in einer großen Salatschüssel mit den Blaubeeren mischen.

Für das Dressing Orangen- und Zitronenschale sowie -saft, Sojasauce, Öl und Honig in ein Schraubglas füllen und pfeffern. Kräftig schütteln. Das Dressing über den Salat träufeln und unterheben. Den Salat auf vier Servierteller verteilen. Nach Belieben mit Blüten und Zitrusabrieb garnieren. Sofort servieren.

Brillante Blaubeeren

Mit ihrem hohen Gehalt an Antioxidantien tragen Blaubeeren nicht nur zum Schutz vor Krebs bei, sondern stabilisieren auch die Hirnfunktion und schützen das Nervengewebe vor oxidativem Stress (kann zur Verbesserung des Gedächtnisses und der Lernfähigkeit führen und depressive Symptome mildern).

Bohnensalat mit Tomaten, Zwiebeln & Ei

Pro Portion: 503 kcal 26,6 g Fett 2 g ges. Fetts. 23 g Eiweiß 44,5 g Kohlenhydrate 17 g Ballaststoffe

Das Zitronendressing verleiht diesem Salat eine erfrischende, feinsäuerliche Note und ist die perfekte Ergänzung für das erdige Aroma der Bohnen.

Für 4 Personen

- 250 g getrocknete Borlotti-Bohnen, mindestens 8 Stunden oder über Nacht eingeweicht
- 2 große Knoblauchzehen, zerdrückt
- Saft von 2 Zitronen
- 6 EL natives Olivenöl extra
- 1 kleine Zwiebel, fein gehackt
- 2 Tomaten, entkernt und klein gewürfelt
- 40 g frische glatte Petersilie, fein gehackt
- 1 TL zerstoßene Kreuzkümmelsamen
- Salz und Pfeffer

Garnierung

- 4 Eier
- 1 Zitrone, geviertelt
- 1 Prise Sumak oder zerstoßener getrockneter roter Chili

So geht's

Die Bohnen abtropfen lassen und in einen großen Topf geben. Mit frischem kaltem Wasser bedecken und 10 Minuten sprudelnd kochen lassen. Das Wasser abgießen und die Bohnen abspülen. Mit frischem kaltem Wasser erneut auf den Herd setzen und 1½–2 Stunden gar köcheln lassen. Bei Bedarf weiteres Wasser zugießen. Die Bohnen abtropfen lassen und in eine flache Servierform füllen.

Für die Garnierung die Eier in einem Topf mit Wasser bedecken und 8 Minuten hart kochen. Unter fließend kaltem Wasser abschrecken, schälen und vierteln.

Einige Bohnen noch warm in eine Schüssel geben und mit einem Löffelrücken zerdrücken. Mit Knoblauch, Zitronensaft, Olivenöl und 1 Teelöffel Salz glatt rühren. Über die Bohnen geben. Zwiebel, Tomaten, Petersilie und Kreuzkümmel zufügen und alles vermengen. Mit Pfeffer abschmecken. Mit Eiervierteln und Zitronenspalten garnieren. Mit Sumak bestreuen und sofort servieren.

Karottensalat mit Ingwer & Granatapfel

Pro Portion: 179 kcal 10,7 g Fett 1,5 g ges. Fetts. 2 g Eiweiß 20 g Kohlenhydrate 4,2 g Ballaststoffe

Wie mit etwas orientalischer Magie und glänzenden Granatapfelkernen aus einfachen Karotten ein exotischer, frischer Salat wird.

Für 4 Personen

- 350 g Karotten, fein gerieben
- 5-cm-Stück frische Ingwerwurzel, geschält und fein gerieben
- 1 kleiner Granatapfel, geviertelt
- 50 g Sprossen wie Alfalfa- und Radieschensprossen

Dressing

- 3 EL leichtes Olivenöl
- 3 TL Rotweinessig
- 3 TL Granatapfelsirup
- Salz und Pfeffer

So geht's

Karotten und Ingwer in eine Salatschüssel geben. Die Granatapfelviertel nach außen biegen und die Kerne herausdrücken. Dabei harte Kerne mit einer Messerspitze aussortieren. Unter die Karotten mischen.

Für das Dressing Öl, Essig und Granatapfelsirup in ein Schraubglas füllen. Salzen und pfeffern. Kräftig schütteln. Das Dressing über den Salat träufeln und untermischen. Im Kühlschrank abgedeckt 30 Minuten ziehen lassen.

Mit den Sprossen garnieren und servieren.

Edler Granatapfel

Die glänzenden rubinroten Kerne des Granatapfels sind klein, aber oho! Sie stecken voller Flavonoide und Polyphenole – Antioxidantien, die zum Schutz vor Herzerkrankungen und Krebs beitragen.

Salatnester mit Avocado, Ananas & Grapefruit

Pro Portion: 150 kcal 6 g Fett 0,8 g ges. Fetts. 2 g Eiweiß 26 g Kohlenhydrate 5,5 g Ballaststoffe

Wecken Sie Ihre Geschmacksknospen mit diesem herrlich pikanten Fruchtsalat. Hübsch in Salatblättern serviert, sind sie eine perfekte Vorspeise oder Beilage.

Für 4 Personen

- 2 rosa Grapefruits, geschält und filetiert (Reste aufbewahren)
- ½ Ananas, geschält und gewürfelt
- 1 große Avocado, halbiert, entkernt, geschält und gewürfelt
- fein abgeriebene Schale und Saft von 1 Limette
- 2 EL fein gehackte frische Minze
- 4 äußere Blätter von einem Eisbergsalat

So geht's

Die Grapefruitfilets halbieren und in eine Salatschüssel geben. Den Saft aus dem Rest der Grapefruit darüber auspressen. Ananas und Avocado zufügen. Limettenschale und -saft sowie Minze zugeben und alles vorsichtig mischen.

Die Salatblätter auf vier kleine Servierteller setzen und mit dem Fruchtsalat füllen. Sofort servieren.

Stärkende Exoten

Vitamin-C-reiche Ananas und Grapefruit fördern das körpereigene Abwehrsystem und die Collagenproduktion für gesunde Haut, Knochen, Knorpel, Zähne und Zahnfleisch. Vitamin C ist darüber hinaus auch ein wichtiges Element zum Schutz vor kardiovaskulären Erkrankungen, Krebs und Asthma.

Junge Salatblätter mit Himbeerdressing

Pro Portion: 150 kcal 11,2 g Fett 1,4 g ges. Fetts. 2,4 g Eiweiß 12 g Kohlenhydrate 4,2 g Ballaststoffe

Für diesen Salat werden bekömmliche, zarte Blätter mit einem fruchtig frischen Himbeerdressing und antioxidativ wirkenden Goji-Beeren gemischt.

Für 4 Personen

* 125 g junge Salatblätter, z.B. roter Salatmangold, Feldsalat, Postelein, Spinat
* 25 g Rucola
* 25 g Erbsensprossen
* 175 g Himbeeren
* 3 EL getrocknete Goji-Beeren

Dressing

* 1 TL flüssiger Honig
* 1 EL Rotweinessig
* 3 EL helles Olivenöl
* Salz und Pfeffer

So geht's

Salatblätter, Rucola und Erbsensprossen in einer Salatschüssel mischen.

Für das Dressing 50 g Himbeeren, Honig, Essig und Öl im Mixer glatt pürieren. Mit Salz und Pfeffer abschmecken.

Den Salat auf vier kleine Servierteller verteilen. Mit restlichen Himbeeren und Goji-Beeren garnieren und mit dem Dressing beträufeln. Sofort servieren.

Himmlische Himbeeren

Himbeeren liefern reichlich Vitamin C. In der Pflanzenheilkunde wird Himbeeressig zur Linderung von Husten eingesetzt.

Exotischer Salat mit Kokosnuss

Pro Portion: 390 kcal 25,9 g Fett 22,3 g ges. Fetts. 5,2 g Eiweiß 41 g Kohlenhydrate 10,7 g Ballaststoffe

Unternehmen Sie mit diesem exotischen Salat eine kleine kulinarische Reise nach Jamaika. Mit von der Partie sind: feinaromatische Mango, erfrischend süße Ananas, knackig-frische Kokosnuss und kleine rote Goji-Beeren.

Für 4 Personen

- 1 kleine Kokosnuss
- fein abgeriebene Schale und Saft von 1 Limette
- 1 kleine Ananas, geschält und gewürfelt
- 1 große Mango, geschält und gewürfelt
- 150 g Salatgurke, geschält, längs halbiert, entkernt und in dicken Scheiben
- 3 EL getrocknete Goji-Beeren
- 50 g frischer Koriander, fein gehackt
- Salz und Pfeffer (nach Belieben)

So geht's

Eines der drei Löcher an der Basis der Kokosnuss einstechen und das Kokoswasser durch ein feines Haarsieb in eine Schale ablaufen lassen. Die Kokosnuss nun in Stücke brechen.

Für das Dressing Kokoswasser, Limettenschale und -saft in einer Salatschüssel verrühren. Das Kokosfleisch mit einem kleinen, spitzen Messer von der harten Schale lösen und mit einem Sparschäler 80 g feine Streifen ablösen.

Die Kokosspäne in das Dressing geben. Dann Ananas, Mango, Gurke, Goji-Beeren und Koriander zufügen und untermischen. Nach Belieben salzen und pfeffern. Auf vier Servierschalen verteilen und sofort servieren.

5-mal täglich

Mindestens 50 Prozent unserer täglichen Kalorienzufuhr sollten aus pflanzlichen Quellen stammen. Versuchen Sie deshalb, möglichst fünf Portionen Obst und/oder Gemüse zu sich zu nehmen.

Energiereich

Ingwer-Nudel-Salat mit süßsaurem Schweinefleisch

Pro Portion: 461 kcal 10,5 g Fett 1,7 g ges. Fetts. 40 g Eiweiß 48 g Kohlenhydrate 4,4 g Ballaststoffe

Dieser leichte, frisch schmeckende Salat mit vielen komplexen Kohlenhydraten und Ballaststoffen liefert Ihnen lang anhaltend Energie. Er kann am Vorabend zubereitet und am nächsten Tag als Mittagssnack mit ins Büro genommen werden.

Für 4 Personen

* 600 g magere Schweineschnitzel
* 200 g getrocknete chinesische Vollkornnudeln
* 200 g Chinakohl, in Streifen
* 120 g Karotten, in feinen Stiften
* 120 g Zuckererbsen, in Streifen
* 2 Frühlingszwiebeln, fein gehackt
* 2-cm-Stück frische Ingwerwurzel, geschält und fein gerieben

Dressing

* fein abgeriebene Schale und Saft von ½ Orange
* 2 EL Sonnenblumenöl
* 2 EL Sojasauce
* 1 EL flüssiger Honig
* 1 EL Reisessig
* 1 TL gemahlener Sternanis
* 2 Knoblauchzehen, fein gehackt

So geht's

Den Backofengrill vorheizen. Ein Backblech mit Alufolie auslegen. Für das Dressing Orangenschale und -saft, Öl, Sojasauce, Honig, Essig, Sternanis und Knoblauch in ein Schraubglas füllen, zuschrauben und kräftig schütteln.

Die Schweineschnitzel nebeneinander auf das Backblech legen, mit 3 Esslöffeln Dressing bestreichen und 12–15 Minuten gar grillen. Dabei ein- bis zweimal wenden und erneut mit Dressing bestreichen.

Inzwischen die Nudeln nach Packungsangabe gar kochen. Unter fließend kaltem Wasser abschrecken und abtropfen lassen. In eine Salatschüssel geben, mit dem restlichen Dressing mischen und vollständig erkalten lassen.

Chinakohl, Karotten, Zuckererbsen, Frühlingszwiebeln und Ingwer unter die Nudeln heben. Die Schweineschnitzel in feine Streifen schneiden und auf dem Salat anrichten. Sofort servieren.

Energielieferanten

Wir brauchen Energie zum Atmen, Bewegen, Denken, Wachsen und für unseren Blutkreislauf. Hauptenergielieferant sind Kohlenhydrate, aber auch Fett und Eiweiß. Der Anteil aus Kohlenhydraten sollte dabei mindestens 50 Prozent betragen, aus Fett nicht mehr als 35 Prozent und aus Protein maximal 15 Prozent.

Spinat-Pancetta-Salat

Pro Portion: 413 kcal 36,5 g Fett 8,9 g ges. Fetts. 16,2 g Eiweiß 6,4 g Kohlenhydrate 3,7 g Ballaststoffe

Das süße, dickflüssige Dressing unterstreicht das rauchige Aroma der Pancetta und des herben Spinats.

Für 4 Personen

* 7 EL Olivenöl
* 275 g Babyspinat
* 150 g Pancetta, gewürfelt
* 280 g Mischpilze, in Scheiben

Dressing

* 1 EL Balsamico-Essig
* 1 TL Dijon-Senf
* 1 TL Ahornsirup
* Salz und Pfeffer

So geht's

Für das Dressing Essig, Senf, Ahornsirup und 5 Esslöffel Olivenöl in ein Schraubglas füllen, Salz und Pfeffer zugeben. Zuschrauben und kräftig schütteln.

Den Spinat in eine Salatschüssel geben. Das restliche Öl in einer großen Pfanne erhitzen. Den Pancetta darin bei mittlerer bis starker Hitze 3 Minuten unter Rühren anbraten. Die Pilze zufügen und 3–4 Minuten mitbraten, bis sie gar sind.

Das Dressing in die Pfanne gießen und den Pfanneninhalt sofort über die Spinatblätter geben. Sorgfältig vermengen und sofort servieren.

Power-Pancetta

Pancetta ist ein traditioneller italienischer Speck. Aufgrund seines hohen Fettanteils sollte er nur in Maßen verzehrt werden. In kleinen Mengen ist er aber ein guter Energielieferant.

Rindfleisch-Kartoffel-Salat mit Meerrettich-Ricotta-Dressing

Pro Portion: 362 kcal 12 g Fett 5 g ges. Fetts. 35 g Eiweiß 34 g Kohlenhydrate 6,4 g Ballaststoffe

Ein ordentlicher Salat mit reichlich komplexen Kohlenhydraten für lang anhaltende Energie, Eiweiß für Muskulatur und Zellregeneration sowie Eisen fürs Blut. So sind Sie gerüstet für einen hektischen Arbeitstag oder körperliche Anstrengungen.

Für 4 Personen

* 500 g kleine neue Kartoffeln, in dicken Scheiben
* 225 g Cocktailtomaten, halbiert
* 115 g Babyspinat
* 1 rote Zwiebel, fein gehackt
* 225 g gegarte Rote Bete (Abtropfgewicht), gewürfelt
* 2 EL Balsamico-Essig
* 2 Rinderfiletsteaks (à 250 g), pariert
* 2 TL Olivenöl
* 1 TL grob zerstoßener bunter Pfeffer

Dressing

* 115 g Ricotta
* 4 EL fettarmer Naturjoghurt
* 1–2 TL Meerrettich
* Salz und Pfeffer

So geht's

Die Kartoffeln in einem Schnellkochtopf 6–8 Minuten gar dämpfen. Abkühlen lassen.

Tomaten, Spinat, Zwiebel und Rote Bete in eine Salatschüssel geben. Mit dem Essig beträufeln und mischen.

Eine gerippte Grillpfanne stark erhitzen. Die Steaks mit dem Öl bestreichen und mit dem Pfeffer würzen. In der heißen Pfanne von jeder Seite 2 Minuten (englisch) bzw. 3 Minuten (medium) oder 4 Minuten (durchgegart) braten. Auf einen Teller heben und einige Minuten ruhen lassen.

Für das Dressing Ricotta, Joghurt und Meerrettich in einer Schüssel glatt rühren. Mit Salz und Pfeffer abschmecken. Die Kartoffeln untermischen. Den Spinatsalat auf vier Servierteller verteilen. Die Kartoffeln darauf anrichten. Die Steaks in feine Scheiben schneiden und darübergeben. Sofort servieren.

Fleischgenuss? – Aber ja!

Mageres Rindfleisch enthält reichlich Mineralien, vor allem Eisen, das für die Bildung des roten Blutfarbstoffs Hämoglobin benötigt wird, welches wiederum für den Sauerstofftransport im Körper verantwortlich ist. Zusammen mit Zink ist es auch für den Erhalt und die Reproduktion der DNA und RNA verantwortlich. Zink unterstützt überdies das Zellwachstum und das Immunsystem.

Caesar Salad mit glasiertem Hühnchen

Pro Portion: 464 kcal 20 g Fett 5,2 g ges. Fetts. 52 g Eiweiß 20 g Kohlenhydrate 3,9 g Ballaststoffe

Die Wahl der richtigen Mahlzeit vor dem Sport ist nicht leicht: Sie muss Energie liefern, ohne schwer im Magen zu liegen. Dieser Salat – eine Mischung aus Eiweiß, einfach ungesättigten Fettsäuren und Kohlenhydraten – ist ideal, sollte aber mindestens eine Stunde vor dem Sport gegessen werden. Eine halbe Stunde nach dem Sport sollten Sie ihren Hunger mit einem kohlenhydratreichen, fettarmen Snack stillen.

Für 4 Personen

- 115 g Vollkornbrot, gewürfelt
- fettarmes Backtrennspray
- 1 TL Dijon-Senf
- 1 EL Ahornsirup
- 2 Knoblauchzehen, fein gehackt
- 3 EL Olivenöl
- Saft von 1 Zitrone
- 500 g Hähnchenbrustfilet, in feinen Streifen
- 55 g Parmesan
- 4 Romana-Salatherzen, in mundgerechten Stücken

Dressing

- 2 Eier
- 1 TL Dijon-Senf
- 1 TL Worcestersauce
- Salz und Pfeffer

So geht's

Den Backofen auf 200 °C vorheizen. Die Brotwürfel in einer Lage auf ein Backblech geben, mit Spray besprühen und 8–10 Minuten unter einmaligem Wenden goldbraun und knusprig rösten.

Senf, Ahornsirup, die Hälfte des Knoblauchs, 1 Esslöffel Olivenöl und die Hälfte des Zitronensafts in einer flachen Form verrühren. Das Hähnchenfleisch darin wenden und abgedeckt maximal 5 Minuten ziehen lassen.

Inzwischen für das Dressing die Eier in einem kleinen Topf mit kaltem Wasser bedecken, aufkochen und 1 Minute köcheln lassen. Unter fließend kaltem Wasser abschrecken. Die Schale einschlagen und das Ei mit einem Teelöffel in einen Mixer füllen. Senf, Worcestersauce, restlichen Knoblauch und Zitronensaft zufügen. Die Hälfte des Parmesans hineinkrümeln und alles glatt mixen. Das restliche Olivenöl bei laufendem Motor hineinträufeln. Mit Salz und Pfeffer abschmecken.

Eine gerippte Grillpfanne erhitzen. Die glasierten Hähnchenstreifen darin, falls nötig portionsweise, 8–10 Minuten gar braten. Zur Probe ein Fleischstück durchschneiden; es sollte in der Mitte nicht mehr rosa sein und der Fleischsaft muss klar aussehen.

Inzwischen den Salat mit der Hälfte des Dressings anmachen und auf vier Servierschalen aufteilen. Den restlichen Parmesan fein hobeln. Den Salat mit den heißen Hähnchenstreifen und Brotwürfeln anrichten. Mit dem restlichen Dressing beträufeln und dem Parmesan garnieren.

Rindfleisch-Kartoffel-Salat mit Meerrettich-Ricotta-Dressing

Seite 54

Caesar Salat mit glasiertem Hühnchen

Seite 55

Warmer Salat mit Kartoffeln & Lachs

Dieser warme Kartoffelsalat wird nicht mit fetter Mayonnaise angemacht, sondern mit einem spritzigen Zitronen-Olivenöl-Dressing. Und mit Grünkohl, Erbsensprossen und Lachs wird daraus eine vollwertige Mahlzeit.

Für 4 Personen

- 650 g kleine neue Kartoffeln, halbiert oder in dicken Scheiben
- 450 g Lachsfilet
- ½ Eisbergsalat, in mundgerechten Stücken
- 115 g Grünkohl, in Streifen
- 85 g Erbsensprossen
- Salz und Pfeffer

Dressing

- 4 EL Olivenöl
- Saft von 1 Zitrone
- 2 TL flüssiger Honig
- 1 EL abgetropfte und gehackte Kapern
- 1 rote Zwiebel, in feinen Ringen

So geht's

Kaltes Wasser in den Boden eines Dämpftopfes füllen und zum Kochen bringen. Die Kartoffeln hineingeben und erneut aufkochen lassen. Das Lachsfilet in den Dämpfeinsatz legen, salzen und pfeffern und in den Topf einsetzen. Den Lachs 10 Minuten gar dämpfen. Aus dem Topf nehmen und die Kartoffeln weitere 4–5 Minuten gar kochen.

Inzwischen für das Dressing Öl, Zitronensaft und Honig in eine Salatschüssel geben und sorgfältig verrühren. Kapern und Zwiebel untermischen. Mit Salz und Pfeffer abschmecken.

Die heißen Kartoffeln vorsichtig untermischen.

Salat und Kohl auf vier Servierschalen verteilen und die Kartoffeln darübergeben. Den Lachs in große Stücke zerteilen, dabei letzte Hautstücke und Gräten entfernen. Auf dem Salat anrichten. Mit den Erbsensprossen garnieren und sofort servieren.

Pro Portion: 519 kcal 29,2 g Fett 5,3 g ges. Fetts. 28,3 g Eiweiß 35,3 g Kohlenhydrate 6,2 g Ballaststoffe

Artischocken-Schinken-Salat

Pro Portion: 345 kcal 22,4 g Fett 3,7 g ges. Fetts. 10,1 g Eiweiß 27,5 g Kohlenhydrate 9 g Ballaststoffe

Für diesen tollen Sommersalat mit Knobi-Senf-Dressing muss man nicht aufwendig Artischocken zubereiten. Machen Sie einfach eine Dose auf, und schon können Sie sie zusammen mit eiweißreichem, hauchdünnem Schinken genießen.

Für 4 Personen

* 275 g Artischockenherzen in Öl, abgetropft und geviertelt
* 500 g kleine Tomaten, in Spalten
* 25 g getrocknete Tomaten in Öl, abgetropft, in sehr feinen Streifen
* 40 g italienischer roher Schinken (Prosciutto), in Streifen
* 25 g entsteinte schwarze Oliven, halbiert
* 40 g frisch zerzupftes Basilikum, plus etwas mehr zum Garnieren
* 150 g Ciabattabrot, zum Servieren

Dressing

* 3 EL Olivenöl
* 1 EL Weißweinessig
* 1 Knoblauchzehe, zerdrückt
* ½ TL milder Senf
* 1 TL flüssiger Honig
* Salz und Pfeffer

So geht's

Artischocken, frische und getrocknete Tomaten, Schinken, Oliven und Basilikum in eine Salatschüssel geben.

Für das Dressing Öl, Essig, Knoblauch, Senf und Honig in ein Schraubglas füllen. Salz und Pfeffer zugeben. Zuschrauben und kräftig schütteln. Über den Salat träufeln und unterheben.

Mit Basilikum garnieren und sofort mit Ciabatta servieren.

Energiespender aus Linsen, Kartoffeln & Thunfisch

Pro Portion: 554 kcal 25,7 g Fett 3,6 g ges. Fetts. 37 g Eiweiß 44 g Kohlenhydrate 10,2 g Ballaststoffe

Ein frischer Powersalat zum Mittagessen mit Linsen, Kartoffeln und Thunfisch. Damit erhalten Sie alle Energie, die Sie für die zweite Tageshälfte benötigen.

Für 4 Personen

- 200 g Puy- oder braune Linsen
- 2 EL Olivenöl, plus etwas mehr zum Bestreichen
- 300 g kleine neue Kartoffeln, halbiert
- 1 Romana-Salatherz
- 4 Thunfischsteaks (à 100 g)
- 300 g Cocktailtomaten, halbiert
- 40 g Rucola

Dressing

- 5 EL fruchtiges Olivenöl
- 1 EL Balsamico-Essig
- 2 TL Rotweinessig
- 1 TL Dijon-Senf
- 1 TL flüssiger Honig

So geht's

Die Linsen in einem Topf Wasser etwa 25 Minuten gar kochen. Gut abtropfen lassen, dann in einer Salatschüssel mit dem Olivenöl mischen.

Die Kartoffeln in einem Topf mit kaltem Wasser bedecken und zum Kochen bringen. Den Deckel aufsetzen und 15 Minuten gar köcheln. Gut abtropfen lassen.

Inzwischen von dem Salatherz die äußeren Blätter entfernen und den Kopf längs in acht Stücke teilen. Auf vier Serviertellern anrichten.

Für das Dressing alle Zutaten in ein Schraubglas füllen. Zuschrauben und kräftig schütteln.

Eine gerippte Grillpfanne stark erhitzen. Die Thunfischsteaks mit Olivenöl bestreichen und in der heißen Pfanne unter einmaligem Wenden 3 Minuten (roh) oder 5 Minuten (medium) braten. Auf einen Teller heben und jedes Steak in sechs Stücke teilen.

Linsen, Thunfisch, Kartoffeln und Tomaten auf dem Salat verteilen. Mit dem Rucola garnieren und mit dem Dressing beträufeln. Sofort servieren.

Toller Thunfisch

Thunfisch ist ein ausgezeichneter Lieferant für Omega-3-Fettsäuren. Diese essenziellen Fettsäuren reduzieren das Risiko für Herzerkrankungen und Arthritis und fördern die Hirntätigkeit.

Warmer Linsensalat

Pro Portion: 336 kcal 21 g Fett 8,6 g ges. Fetts. 16,4 g Eiweiß 19,3 g Kohlenhydrate 4,3 g Ballaststoffe

Rote Linsen bilden die Grundlage für diesen Salat. Die Kohlenhydrate der Linsen werden langsam verdaut, so versorgen sie den Körper anhaltend mit Energie. Die löslichen Ballaststoffe tragen zur Regulierung des Cholesterinspiegels bei.

Für 4 Personen

- 2 EL Olivenöl
- 2 TL Kreuzkümmelsamen
- 2 Knoblauchzehen, zerdrückt
- 2-cm-Stück frische Ingwerwurzel, geschält und fein gerieben
- 300 g rote Linsen
- 700 ml Gemüsebrühe
- 2 EL grob gehackte frische Minze
- 2 EL grob gehackter frischer Koriander
- 2 rote Zwiebeln, in feinen Ringen
- 200 g Babyspinat
- 1 TL Haselnussöl
- 150 g weicher Ziegenkäse
- 4 EL griechischer Naturjoghurt
- Pfeffer

So geht's

Einen Esslöffel Olivenöl in einem großen Topf erhitzen. Kreuzkümmel, Knoblauch und Ingwer darin bei mittlerer Hitze 2 Minuten unter Rühren anbraten. Die Linsen untermischen. 650 ml Brühe kellenweise zugießen und unter gelegentlichem Rühren insgesamt 20 Minuten köcheln lassen, bis sie aufgesogen ist. Dann die restliche Brühe zugießen. Den Topf vom Herd nehmen und die Kräuter unterziehen.

Inzwischen das restliche Olivenöl in einer Pfanne erhitzen. Die Zwiebeln darin bei kleiner bis mittlerer Hitze 10 Minuten weich dünsten.

Spinat und Haselnussöl in einer Schüssel mischen und auf vier Servierteller verteilen.

Den Ziegenkäse mit dem Joghurt in einer Schale zerdrücken. Mit Pfeffer abschmecken.

Die Linsen auf dem Spinat anrichten und die Zwiebeln darauf verteilen. Den Ziegenkäse darübergeben und sofort servieren.

Liebe Linsen

Linsen sind nahrhaft und günstig. Sie enthalten wenig Fett und gar kein Cholesterin, dafür viel Eiweiß, Ballaststoffe, B-Vitamine und essenzielle Aminosäuren sowie eine gute Portion Folsäure. Sie gelten als Cholesterinsenker.

Vollkornnudelsalat mit Ofentomaten

Pro Portion: 473 kcal 28,7 g Fett 5 g ges. Fetts. 13,8 g Eiweiß 43 g Kohlenhydrate 8,3 g Ballaststoffe

Vollkornnudeln stehen bei Ausdauersportlern schon lange auf dem Speiseplan. Sie sind ein idealer Brennstoff für die beanspruchte Muskulatur.

Für 4 Personen

- 600 g Tomaten in unterschiedlichen Farben und Größen, halbiert
- 2 Knoblauchzehen, fein gehackt
- 6 EL Olivenöl
- 225 g Vollkornpasta
- 85 g Babyspinat
- Salz und Pfeffer

Pesto

- 50 g frisches Basilikum, plus etwas mehr zum Garnieren
- 25 g Pinienkerne
- 25 g Parmesan, fein gerieben, plus etwas gehobelter Parmesan zum Garnieren

So geht's

Den Backofen auf 160 °C vorheizen. Die Tomaten mit der Schnittseite nach oben in eine Bratform setzen. Mit dem Knoblauch bestreuen und mit 2 Esslöffeln Olivenöl beträufeln. Großzügig salzen und pfeffern. Im vorgeheizten Ofen 40–45 Minuten garen, bis die Tomaten weich sind und zu bräunen beginnen. Abkühlen lassen, dann größere Exemplare halbieren.

Inzwischen die Pasta in einem großen Topf Salzwasser nach Packungsangabe bissfest garen. Mit kaltem Wasser abschrecken, abtropfen und abkühlen lassen.

Für das Pesto alle Zutaten sowie 25 g Spinat und das restliche Olivenöl im Mixer glatt pürieren. Mit Salz und Pfeffer abschmecken.

Pasta und Pesto in einer Salatschüssel vermengen. Die restlichen Spinatblätter unterheben. Die Ofentomaten zufügen. Mit dem Saft aus der Form beträufeln. Locker unterheben. Mit Parmesanspänen und Basilikum garnieren und sofort servieren.

Energie für Sportler

Sportler brauchen 5–10 g Kohlenhydrate pro Kilogramm Körpergewicht jeden Tag, ohne Sport sind es nur 3–5 g. Eine Portion dieses Salats liefert stolze 43 g Kohlenhydrate.

Salat mit Birne, Sellerie, Blauschimmel & Walnüssen

Pro Portion: 382 kcal 30,8 g Fett 7 g ges. Fetts. 9,2 g Eiweiß 17 g Kohlenhydrate 6,5 g Ballaststoffe

Dass Walnüsse gesund sind, ist schon lange bekannt. In diesem herbstlichen Salat werden sie für den extra Energieschub mit Blauschimmelkäse kombiniert.

Für 4 Personen

* 2 saftige große Birnen
* 4 Selleriestangen, in feinen Scheiben
* 1 EL Zitronensaft
* 3 EL grob gehackte frische glatte Petersilie
* 150 g dunkelgrüne Salatblätter wie Rucola, Brunnenkresse und Spinat
* 100 g Blauschimmelkäse, in kleinen Stücken
* 4 EL grob gehackte Walnüsse
* Meersalzflocken

Dressing

* 1 EL Zitronensaft
* 4 EL Walnussöl
* ¼ TL gemahlener Pfeffer

So geht's

Eine Birne vierteln und das Kerngehäuse entfernen (nicht schälen). In feine Scheiben schneiden. Mit dem Sellerie in eine Salatschüssel geben und mit dem Zitronensaft beträufeln, damit die Birnenscheiben nicht braun werden.

Für das Dressing die zweite Birne vierteln und das Kerngehäuse entfernen. Ein Viertel längs in feine Scheiben schneiden und in die Schüssel geben. Die anderen drei Viertel schälen und mit den restlichen Dressing-Zutaten im Mixer glatt pürieren.

Etwa 5 Esslöffel Dressing mit den Zutaten in der Salatschüssel vermengen, sodass sie überzogen sind. Die Petersilie unterheben und mit einer Prise Meersalz abschmecken.

Die Salatblätter auf vier Servierteller verteilen. Die Birnen-Sellerie-Mischung darauf anrichten. Mit Käse und Walnüssen bestreuen und sofort servieren.

Erste Wahl: Walnüsse

Walnüsse sind reich an einfach ungesättigten Fettsäuren und eine gute Quelle für Omega-3-Fettsäuren. 25 g Walnüsse pro Tag decken etwa 75 Prozent des täglichen Omega-3-Fettsäure-Bedarfs.

Superfood-Salat mit Tomaten & Mozzarella

Pro Portion: 377 kcal 32 g Fett 7,3 g ges. Fetts. 11,8 g Eiweiß 14 g Kohlenhydrate 7 g Ballaststoffe

Dieser leckere Salat ist nicht nur superschnell zubereitet, er enthält auch die Superfood-Zutat Avocado, ist reich an gesunden Fettsäuren und antioxidativen Vitaminen und hat mehr Proteine als jede andere Frucht.

Für 4 Personen

- 600 g Fleischtomaten, in dicken Spalten
- 150 g Mozzarella, abgetropft, in Stücken
- 2 Avocados, halbiert, entkernt, geschält, in Scheiben
- einige frisch gezupfte Basilikumblätter
- 20 entsteinte schwarze Oliven

Dressing

- 4 EL Olivenöl
- 1½ EL Weißweinessig
- 1 TL körniger Senf
- Salz und Pfeffer

So geht's

Tomaten, Mozzarella und Avocados auf einem Teller anrichten.

Für das Dressing Öl, Essig und Senf in einer Schale verrühren. Mit Salz und Pfeffer abschmecken und über den Salat träufeln. Basilikum und Oliven darauf verteilen. Leicht mischen und sofort servieren.

Hmmm, Mozzarella

Mozzarella ist eine ausgezeichnete Eiweiß- und Calciumquelle für gesunde und starke Zähne und Knochen. Dank seines hohen Fettgehalts liefert er auch viel Energie, sollte aber dennoch nur in Maßen verzehrt werden.

Avocados

Nährwerttechnisch gilt dieses Superlebensmittel als kompletteste Frucht der Welt. Sie enthält zahlreiche Vitamine und Mineralien, Pflanzenstoffe und Eiweiß und ist ein schnell und einfach zubereiteter nährstoffreicher Energielieferant. Avocados enthalten viel Fett, was den Kaloriengehalt in die Höhe schnellen lässt, aber es handelt sich um einfach gesättigte, also gute Fette, die den Cholesterinspiegel regulieren und essenzielle Fettsäuren liefern. Außerdem enthalten sie Lutein, ein natürliches Antioxidans, das die Sehkraft stärkt und Makuladegeneration vorbeugt.

Salat mit pochierten Eiern

Pro Portion: 365 kcal   25,2 g Fett   4,3 g ges. Fetts.   15,5 g Eiweiß   21 g Kohlenhydrate   5,8 g Ballaststoffe

Allen, die behaupten, Salat sei nicht sättigend, sei dieser Salat empfohlen! Er steckt voller Energie spendender komplexer Kohlenhydrate, Proteine, Vitamine und Mineralien. Dieser Salat bringt Sie garantiert schwungvoll durch den Nachmittag.

Für 4 Personen

Tapenade

- 1 kleine Dose dicke Bohnen (175 g Abtropfgewicht)
- 50 g grüne Oliven, entsteint
- 25 g grob gehackte, frische glatte Petersilie,
- 40 g Rucola
- 1 kleine Knoblauchzehe, in feinen Scheiben

Salat

- 85 g Babyspinat
- 85 g Champignons, in Scheiben
- 1 TL Weißweinessig
- 4 Eier
- 4 Scheiben kräftiges Vollkornbrot
- Salz und Pfeffer

Dressing

- 4 TL Balsamico-Essig
- 4 EL helles Olivenöl, plus etwas mehr zum Servieren

So geht's

Für die Tapenade die Bohnen in einem Topf mit kochendem Wasser 5 Minuten blanchieren. Abtropfen lassen. Mit Oliven, Petersilie, Rucola und Knoblauch in den Mixer geben und glatt pürieren. Mit Salz und Pfeffer abschmecken und warm halten.

Spinat und Pilze in eine Salatschüssel geben.

Für das Dressing Essig und Öl in einer Schale mit etwas Salz und Pfeffer verrühren. Über den Salat träufeln und unterheben. Den Salat auf vier Servierteller verteilen.

Einen Topf Wasser zum Kochen bringen. Weißweinessig und etwas Salz hineinrühren. Die Eier nacheinander hineinschlagen und bei siedendem Wasser pochieren, bis das Eiweiß fest, das Eigelb aber noch flüssig ist.

Inzwischen die Brotscheiben toasten und mit der Tapenade bestreichen. Auf den Salattellern anrichten. Die pochierten Eier mit einem Schaumlöffel aus dem Wasser nehmen und auf die Brotscheiben setzen. Leicht salzen und pfeffern. Mit etwas Olivenöl beträufeln und sofort servieren.

Bohn-tastisch

Dicke Bohnen enthalten viele komplexe Kohlenhydrate für lang anhaltende Energie sowie lösliche Ballaststoffe. Letztere liefern zwar keine Energie oder Nährstoffe, sind aber verdauungsfördernd, unterstützen die Aufnahme anderer Nahrungsmittel und die Darmtätigkeit. So tragen sie zur Reduzierung des Reizdarmsyndroms bei und senken den Cholesterinwert.

Knackiger Salat mit Avocado & Mandeln

Pro Portion: 312 kcal 25,7 g Fett 3,1 g ges. Fetts. 7,4 g Eiweiß 19,2 g Kohlenhydrate 10,5 g Ballaststoffe

Cremige, aromatische Avocados werden hier mit feinsäuerlichem Zitronensaft, duftendem Koriander, Frühlingszwiebeln und pikantem Chili verfeinert. Geröstete Mandelblättchen sorgen für ordentlich Biss.

Für 4 Personen

* 2 TL Olivenöl
* 55 g Mandelblättchen
* 1 Eisbergsalat, in mundgerechten Stücken
* 3 Avocados, halbiert, entkernt und geschält
* Saft von 2 Zitronen

Dressing

* 4 EL fettarmer Naturjoghurt
* 2 Frühlingszwiebeln, fein gehackt
* 1 Msp. zerstoßene getrocknete rote Chilis
* 25 g frischer Koriander, fein gehackt (nach Belieben)
* Salz und Pfeffer

Tolle Mandeln

Durch die Zugabe von ein bis zwei Esslöffeln Mandeln erhöht sich der Gehalt an Vitamin E, Calcium und Eiweiß des Salates ganz erheblich – besonders wichtig für Vegetarier.

So geht's

Das Öl in einer Pfanne erhitzen. Die Mandeln darin bei mittlerer Hitze 3–4 Minuten unter häufigem Rühren goldbraun anbraten. Abkühlen lassen.

Den Salat in eine Schüssel geben. Zwei Avocados in Scheiben schneiden und mit dem Saft von 1½ Zitronen beträufeln, damit sie nicht braun werden. In die Schüssel zum Salat geben.

Für das Dressing die dritte Avocado mit dem restlichen Zitronensaft in einer Schale zerdrücken. Joghurt, Frühlingszwiebeln, Chilis und, falls verwendet, Koriander untermischen. Mit Salz und Pfeffer abschmecken.

Den Salat auf vier Servierschalen verteilen und mit den Mandeln bestreuen. Das Dressing darübergeben und sofort servieren.

Salat mit pochierten Eiern
Seite 72
Knackiger Salat mit Avocado & Mandeln
Seite 73

Selleriesalat mit grünem Spargel

Klassische Remoulade wird mit Mayonnaise, Senf, Essiggürkchen und Kräutern zubereitet. Für diese leichtere Variante wird ein Teil durch fettarmen Naturjoghurt ersetzt.

Für 4 Personen

* 450 g Knollensellerie, geschält und in feinen Stiften
* 450 g Kartoffeln, geschält und in feinen Stiften
* 55 g Walnusshälften, grob gehackt
* 55 g Essiggurken, abgetropft und gehackt
* 4 EL fein gehackter frischer Schnittlauch
* 300 g grüner Spargel, geputzt
* 2 EL Olivenöl
* Salz und Pfeffer

Dressing

* 3 EL fettreduzierte Mayonnaise
* 3 EL fettarmer Naturjoghurt
* 2 TL Dijon-Senf

So geht's

Sellerie und Kartoffeln in einen Topf mit kochendem Wasser geben und bei aufgesetztem Deckel 3–4 Minuten bissfest garen. Zum schnellen Abkühlen mehrmals kalt abschrecken und abtropfen lassen. In eine Schüssel geben.

Für das Dressing Mayonnaise, Joghurt und Senf in einer Schale glatt rühren. Mit Salz und Pfeffer abschmecken. Unter die Selleriemischung heben und auf vier Servierschalen verteilen.

Walnüsse, Gurken und Schnittlauch mischen und auf dem Selleriesalat verteilen.

Eine Grillpfanne stark erhitzen. Spargel und Öl in eine Schüssel geben, großzügig salzen und pfeffern und mischen. Den Spargel in der heißen Pfanne 3–4 Minuten knackig gar braten. Auf dem Salat anrichten und sofort servieren.

Pro Portion: 353 kcal 19,5 g Fett 2,2 g ges. Fetts. 8,3 g Eiweiß 40,3 g Kohlenhydrate 6,9 g Ballaststoffe

Reissalat mit Roter Bete

Pro Portion: 505 kcal 19,3 g Fett 2,5 g ges. Fetts. 10 g Eiweiß 75 g Kohlenhydrate 9 g Ballaststoffe

Dieser nussig schmeckende Vollwertsalat mit Roter Bete und Butternusskürbis kann am Vorabend zubereitet und unmittelbar vor dem Servieren garniert werden. Ein perfekter Energiespender für den Mittagstisch!

Für 4 Personen

- 450 g Rote Bete, geschält und in 2 cm großen Würfeln
- 450 g Butternusskürbisfleisch, in 2 cm großen Würfeln
- 4 EL Olivenöl
- 100 g brauner Basmatireis
- 100 g roter Camargue-Reis
- 100 g Schnellkoch-Farro (Dinkelweizen)
- 120 g junge Rote-Bete-Blätter
- Salz und Pfeffer

Dressing

- 1 EL Leinöl
- 2 EL Rotweinessig
- ½ TL geräuchertes scharfes Paprikapulver (Pimentón)
- 1 TL Fenchelsamen, grob zerstoßen
- 2 TL Tomatenmark

So geht's

Den Backofen auf 200 °C vorheizen. Bete und Kürbis in eine Bratform geben. Mit der Hälfte des Olivenöls beträufeln. Leicht salzen und pfeffern. Im vorgeheizten Ofen 30 Minuten garen.

Inzwischen beide Reissorten in einen Topf mit kochendem Wasser geben und ohne Deckel 15 Minuten kochen. Den Farro untermischen und weitere 10 Minuten kochen, bis alle Körner gar sind. Das Wasser abgießen, die Reismischung abschrecken und abtropfen lassen. In eine Salatschüssel füllen.

Für das Dressing alle Zutaten sowie das restliche Olivenöl in ein Schraubglas füllen. Salzen und pfeffern. Zuschrauben und kräftig schütteln. Über die Reismischung träufeln und unterheben.

Das Ofengemüse auf der Reismischung verteilen und abkühlen lassen. Dann unterheben und mit den Rote-Bete-Blättern garnieren. Sofort servieren.

Je kräftiger, desto besser

Je kräftiger die Farbe des Kürbisfleisches ist, desto mehr Betacarotine sind enthalten. Diese werden im Körper in Vitamin A umgewandelt, das unerlässlich für eine gute Sehkraft ist.

Salat aus dreierlei Bohnen

Pro Portion: 276 kcal 13,3 g Fett 1,6 g ges. Fetts. 11 g Eiweiß 29,6 g Kohlenhydrate 11,4 g Ballaststoffe

Dieser sättigende Salat sorgt für eine langsame und nachhaltige Energieabgabe. Seine Zutaten haben einen niedrigen glykämischen Index, sind aber reich an Ballaststoffen und Kohlenhydraten, von denen der Körper lange zehren kann.

Für 4 Personen

- 200 g grüne Bohnen, halbiert
- 200 g TK-Edamame (Sojabohnen, aus dem Asia-Shop) oder dicke Bohnen
- 150 g TK-Gemüsemais
- 400 g rote Kidney-Bohnen aus der Dose, abgespült
- 2 EL Chiasamen

Dressing

- 3 EL Olivenöl
- 1 EL Rotweinessig
- 1 TL körniger Senf
- 1 TL Agavendicksaft
- 4 TL fein gehackter frischer Estragon
- Salz und Pfeffer

So geht's

Grüne Bohnen, Edamame und Mais in einen Topf mit kochendem Wasser geben und 4 Minuten blanchieren, bis die grünen Bohnen knackig gar sind. Unter kaltem Wasser abschrecken, abtropfen lassen und in eine Salatschüssel geben.

Kidney-Bohnen und Chiasamen untermischen.

Für das Dressing Öl, Essig und Senf in ein Schraubglas füllen. Agavendicksaft und Estragon zufügen. Salzen und pfeffern. Zuschrauben und kräftig schütteln. Über den Salat träufeln und untermischen. Sofort servieren.

Chia – dreimal Hurra!

Die Samen der in Südamerika beheimateten Pflanze enthalten viel Protein für Muskelaufbau und -regeneration. Des Weiteren sind sie die beste pflanzliche Quelle für die Fettsäuren Omega 3, 6 und 9. Ein Esslöffel Chiasamen enthält 5 g Ballaststoffe, von denen Frauen täglich 25 g und Männer 38 g zu sich nehmen sollten.

Avocado-Mais-Salat mit Biss

Pro Portion: 188 kcal 12,5 g Fett 1,7 g ges. Fetts. 3,3 g Eiweiß 19,6 g Kohlenhydrate 4,9 g Ballaststoffe

Diese Mischung aus cremiger Avocado, knackiger Paprika, Mais und Grünkohl, verfeinert mit frischem Koriander und spritziger Limette verleiht Ihnen einen ordentlichen Energieschub.

Für 4 Personen

- 200 g TK-Gemüsemais
- 1 große Avocado, halbiert, entkernt, geschält und gewürfelt
- 175 g Cocktailtomaten, geviertelt
- ½ rote Zwiebel, fein gehackt
- 1 kleine grüne Paprika, halbiert und gewürfelt
- 40 g Grünkohl, in Streifen
- 25 g frischer Koriander, grob gehackt

Dressing

- fein abgeriebene Schale und Saft von 1 Limette
- 2 EL Olivenöl
- Salz und Pfeffer

So geht's

Den Mais in einen Topf mit kochendem Wasser geben und 3 Minuten blanchieren. Unter kaltem Wasser abschrecken und abtropfen lassen. In eine Salatschüssel geben.

Für das Dressing Limettenschale und -saft sowie Öl in ein Schraubglas füllen. Salzen und pfeffern. Zuschrauben und kräftig schütteln.

Avocado, Tomaten, Zwiebel, Paprika, Kohl und Koriander zum Mais geben. Mit dem Dressing beträufeln und alles vermengen. Auf vier Servierschalen verteilen und sofort servieren.

Milder Mais

Gemüsemais hat eine natürliche Süße und steckt voller komplexer Kohlenhydrate und Ballaststoffe. Er liefert anhaltende Energie und beugt so Unterzuckerung und Stimmungsschwankungen vor.

Gesund

Gehaltvoller Hähnchensalat

Pro Portion: 694 kcal 20 g Fett 3,2 g ges. Fetts. 46,3 g Eiweiß 79,7 g Kohlenhydrate 5,6 g Ballaststoffe

In diesem würzigen Naturreissalat mit süßen Aprikosen und Rosinen sowie knackigem, supergesundem Grünkohl sind die Aromen und Farben Marokkos eingefangen.

Für 4 Personen

- 250 g vorgegarter Naturreis
- 2 TL Tomatenmark
- 500 g Hähnchenbrustfilet
- 85 g getrocknete Aprikosen, gewürfelt
- 55 g Rosinen
- 55 g eingelegte Zitronen, abgetropft und fein gehackt
- 1 kleine rote Zwiebel, fein gehackt
- 85 g Grünkohl, in Streifen
- 3 EL geröstete Pinienkerne

Dressing

- 2 TL Harissa
- 4 EL Olivenöl
- Saft von 1 Zitrone
- Salz und Pfeffer

So geht's

Den Reis in einen Topf mit kochendem Wasser geben und 25–30 Minuten kochen, bis er gar ist. Abtropfen lassen und in eine Salatschüssel geben.

Inzwischen für das Dressing Harissa, Öl und Zitronensaft in ein Schraubglas füllen. Salzen und pfeffern. Zuschrauben und kräftig schütteln.

2 Esslöffel Dressing in einer Schale mit dem Tomatenmark verrühren. Den Backofengrill vorheizen und eine Bratform mit Alufolie belegen. Die Filets nebeneinander hineinlegen und mit der Hälfte der Tomatenmischung bestreichen. Unter dem Grill 15–18 Minuten goldbraun und gar grillen. Dabei das Fleisch nach der Hälfte der Zeit wenden und mit der restlichen Tomatenmischung bestreichen. Zur Probe ein Fleischstück durchschneiden; es darf in der Mitte nicht mehr rosa sein, und der Fleischsaft muss klar aussehen. Abgedeckt abkühlen lassen.

Das restliche Dressing über den Reis träufeln. Aprikosen, Rosinen, Zitronen und Zwiebel zugeben und untermischen. Erkalten lassen. Grünkohl und Pinienkerne unter den Salat heben. Das Fleisch in feine Streifen schneiden und auf dem Salat anrichten. Sofort servieren.

Gesunder Reis

Reis ist eine gute Eiweiß- und Energiequelle. Schnell kochender Naturreis wird schonend poliert und vorgekocht. Dadurch verkürzt sich die Garzeit, und es bleiben viel mehr Vital- und Ballaststoffe als bei weißem Reis erhalten. Reis gilt als verdauungsregulierend.

Hirnnahrung aus Couscous und Grillhähnchen

Pro Portion: 521 kcal 16,5 g Fett 2 g ges. Fetts. 45,8 g Eiweiß 48,4 g Kohlenhydrate 5,2 g Ballaststoffe

Dieser Salat schmeckt so gut, wie er aussieht! Durch die Rote Bete erhalten alle anderen Zutaten eine leuchtend rote Färbung.

Für 4 Personen

- 175 g Vollkorncouscous
- 175 g gegarte Rote Bete (Abtropfgewicht), gewürfelt
- 1 kleine rote Zwiebel, fein gehackt
- 125 g Cocktailtomaten, halbiert
- 1 Granatapfel, halbiert, Kerne herausgelöst
- Saft von 2 Zitronen
- 2 EL Leinöl
- 2 EL Olivenöl
- 4 TL Tomatenmark
- 2 EL grob gehackte frische Minze
- 1 TL grob zerstoßene schwarze Pfefferkörner
- 500 g kleine Hähnchenbrustfilets, in Scheiben
- Salz und Pfeffer

So geht's

Den Couscous in eine hitzebeständige Salatschüssel geben. Knapp mit kochendem Wasser bedecken und zugedeckt 6–8 Minuten quellen lassen. Rote Bete, Zwiebel, Tomaten und Granatapfelkerne zufügen.

Für das Dressing Saft einer Zitrone, Leinöl, die Hälfte des Olivenöls und des Tomatenmarks in ein Schraubglas füllen. Salzen und pfeffern. Zuschrauben und kräftig schütteln. Das Dressing über den Salat träufeln und die Minze zufügen.

Restlichen Zitronensaft, Olivenöl und Tomatenmark mit dem Pfeffer in einen sauberen Gefrierbeutel geben, zudrehen und kräftig schütteln. Das Hähnchenfleisch hineingeben, den Beutel schließen und schütteln, bis die Scheiben gleichmäßig überzogen sind.

Eine gerippte Grillpfanne stark erhitzen. Das Fleisch darin, gegebenenfalls portionsweise, 10 Minuten unter ein- bis zweimaligem Wenden gar braten. Zur Probe ein Fleischstück durchschneiden; es darf in der Mitte nicht mehr rosa sein, und der Fleischsaft muss klar aussehen. Auf dem Salat anrichten und sofort servieren.

Hirnnahrung Rote Bete

Der hohe Nitratgehalt in Roter Bete kann das Voranschreiten von Demenz verlangsamen. Wenn der Farbstoff Betacyanin, der für die rote Farbe der Knolle verantwortlich ist, sich mit Carotinoiden und Flavonoiden verbindet, kann dadurch die Oxidation von LDL-Cholesterin reduziert und so die Gefäßwände geschützt und das Risiko für Herzerkrankungen und Schlaganfälle gemindert werden.

Garnelen-Bohnen-Bruschetta

Pro Portion: 408 kcal 19,5 g Fett 3,1 g ges. Fetts. 23,5 g Eiweiß 35 g Kohlenhydrate 3,4 g Ballaststoffe

Bei dieser stylishen Interpretation der klassischen Bruschetta kommen weiße Bohnen und Garnelen in einem feinsäuerlichen Zitronen-Petersilien-Dressing aufs Brot. Eine frische, eiweißreiche Alternative zu Salat.

Für 4 Personen

- 400 g weiße Bohnen aus der Dose, abgespült und abgetropft
- ½ rote Zwiebel, fein gehackt
- 1 Selleriestange, fein gehackt
- 300 g gegarte und ausgelöste große Garnelen, aufgetaut, falls gefroren
- 1 Knoblauchzehe, fein gehackt
- Saft von 1 Zitrone
- 5 EL natives Olivenöl extra, plus etwas mehr zum Beträufeln
- 2 EL grob gehackte frische glatte Petersilie, plus 15 g zum Garnieren
- 4 dicke Scheiben Ciabattabrot
- 85 g Cocktailtomaten, halbiert
- Salz und Pfeffer

So geht's

Bohnen, Zwiebel, Sellerie, Garnelen und Knoblauch in eine große, flache Form geben. Zitronensaft, 2 Esslöffel Öl und Petersilie zugeben. Leicht salzen und pfeffern. Alles vermengen und abgedeckt ziehen lassen.

Eine gerippte Grillpfanne stark erhitzen. Die Brotscheiben mit dem restlichen Öl bestreichen und in der heißen Pfanne 2–3 Minuten von jeder Seite goldbraun rösten. Auf vier Servierteller setzen.

Die Tomaten unter die Garnelenmischung heben. Die Mischung auf die heißen Brotscheiben geben. Mit etwas Olivenöl beträufeln. Mit Petersilie garnieren, leicht pfeffern und sofort servieren.

Kraftwerke: weiße Bohnen

Weiße Bohnen sind supergesund: Sie stecken voller Antioxidantien und liefern entgiftendes Molybdän. Daneben enthalten sie Ballaststoffe und Protein und haben einen niedrigen glykämischen Index. Sie produzieren Amylaseblocker, die die Fetteinlagerung im Körper regulieren.

Vitamin-B-Bombe aus Feta, Erdbeeren & Bohnen

Pro Portion: 354 kcal 30 g Fett 12 g ges. Fetts. 11,3 g Eiweiß 12 g Kohlenhydrate 3,2 g Ballaststoffe

Erdbeeren sind eine leckere Art, seine Vitamin-C-Reserven aufzufüllen. Ihre natürliche Süße harmoniert wunderbar mit dem salzigen Feta und den knackigen grünen Bohnen.

Für 4 Personen

* 250 g grüne Bohnen
* 250 g Erdbeeren, halbiert
* 1 EL Pistazienkerne
* 15 g frische Minze
* 250 g Feta (Abtropfgewicht), in kleinen Stücken
* Pfeffer

Dressing

* 1 EL Himbeeressig
* 1 TL Agavendicksaft
* 1 TL Dijon-Senf
* 50 ml Olivenöl
* Salz

So geht's

Für das Dressing Essig, Agavendicksaft, Senf und eine Prise Salz in eine Schale geben. Das Öl unter ständigem Rühren in einem dünnen Strahl dazugießen.

Die Bohnen in einen Topf mit kochendem Wasser geben und 5 Minuten kochen, bis sie knackig gar sind. Unter kaltem Wasser abschrecken und abtropfen lassen. In eine Salatschüssel geben. Erdbeeren, Pistazien und Minze zufügen. So viel Dressing untermischen, dass die Zutaten leicht überzogen sind.

Den Feta auf dem Salat verteilen. Großzügig mit Pfeffer würzen und sofort servieren.

1A Erdbeeren

Erdbeeren enthalten mehr Vitamin C als alle anderen roten Beeren und haben somit gute antivirale und antibakterielle Eigenschaften. Sie sind reich an Betacarotinen, und der natürliche Fruchtzucker liefert dem Körper Energie.

Ratatouille-Salat mit Bohnen

Pro Portion: 167,5 kcal 4,6 g Fett 0,6 g ges. Fetts. 8,4 g Eiweiß 23 g Kohlenhydrate 9 g Ballaststoffe

Dieser ballaststoffreiche Salat schmeckt lauwarm besonders gut. Reste können im Kühlschrank aufbewahrt und am nächsten Tag mit ins Büro genommen werden. Nur das frische Grün sollte separat zugegeben werden, damit es knackig bleibt.

Für 4 Personen

- 1 EL Olivenöl
- 1 rote Zwiebel, grob gehackt
- 1 rote Paprika, in Stücken
- 1 grüne Paprika, in Stücken
- 1 orange Paprika, in Stücken
- 2 Knoblauchzehen, fein gehackt
- 350 g Tomaten, gehäutet und grob gehackt
- 1 EL Tomatenmark
- ½ TL geräuchertes scharfes Paprikapulver (Pimentón)
- 2 Zweige frischer Rosmarin
- 2 kleine Zucchini, in Scheiben
- 400 g Cannellini-Bohnen aus der Dose, abgespült und abgetropft
- 55 g junge Salatblätter, z.B. roter Salatmangold, Feldsalat, Postelein, Mizuna
- 1 EL Balsamico-Essig
- Salz und Pfeffer

So geht's

Das Öl in einem Topf erhitzen. Die Zwiebel darin bei mittlerer Hitze 5 Minuten unter Rühren andünsten. Paprika, Knoblauch und Tomaten zufügen. Tomatenmark und Paprikapulver unterrühren.

Den Rosmarin zugeben. Großzügig salzen und pfeffern. Bei geschlossenem Deckel 10 Minuten garen. Die Zucchini zufügen und weitere 5 Minuten dünsten, bis das Gemüse knackig gar ist.

Den Topf vom Herd nehmen und die Bohnen untermischen. Mit Salz und Pfeffer abschmecken. Den Rosmarin entfernen. Die Gemüsemischung in eine Salatschüssel füllen und abkühlen lassen.

Vor dem Servieren die Salatblätter mit dem Balsamico-Essig mischen und auf dem Gemüse anrichten.

Salat mit Roter Bete, Spinat & Brie

Pro Portion: 459 kcal 39,8 g Fett 12 g ges. Fetts. 15 g Eiweiß 14 g Kohlenhydrate 4,1 g Ballaststoffe

Mit seiner Garnierung aus herrlich weichem Brie und gerösteten Walnüssen schmeckt der Salat so gut, dass Sie bestimmt mehr davon haben wollen.

Für 4 Personen

* 175 g Babyspinat
* 175 rohe Rote Bete, geschält und in sehr feinen Scheiben
* 115 g Mungbohnensprossen
* 175 g Brie, gewürfelt

Dressing

* 85 g Walnusskerne
* 1 TL grob zerstoßene Fenchelsamen
* 4 EL Reisöl
* 2 EL Rotweinessig
* 2 TL Reissirup
* Salz und Pfeffer

So geht's

Spinat, Rote Bete und Sprossen in einer Salatschüssel mischen.

Für das Dressing eine Pfanne erhitzen. Walnüsse und Fenchelsamen darin bei mittlerer Hitze 2–3 Minuten rösten. In eine Schale geben, das Reisöl untermischen und 5 Minuten abkühlen lassen.

Das abgekühlte Öl durch ein Haarsieb in ein Schraubglas gießen. Essig und Reissirup zugeben. Salzen und pfeffern. Zuschrauben und kräftig schütteln. Das Dressing über den Salat träufeln und unterheben.

Den Brie darauf verteilen und mit Walnüssen und Fenchel garnieren. Sofort servieren.

Klasse Käse

Dass Brie reichlich Fett enthält, lässt sich nicht abstreiten. Obwohl er so cremig und weich ist, liegt sein Fettgehalt aber überraschenderweise unter dem von Hartkäsesorten wie Gruyère oder Gouda. Zum Vergleich: 100 g Brie enthalten 28 g Fett, davon 17,4 g gesättigte Fettsäuren; 100 g reifer Gruyère 33 g Fett, davon 19 g gesättigte Fettsäuren.

Ratatouille-Salat mit Bohnen

Seite 92

Salat mit Roter Bete, Spinat & Brie

Seite 93

Fattoush

Dieser bunte Salat aus dem Libanon schmeckt nach frischer Zitrone, Minze und Koriander. Dazu gibt's geröstetes Pitabrot.

Für 4 Personen

* je 1 kleine rote, gelbe und grüne Paprika, gewürfelt
* 300 g Salatgurke, geschält, längs halbiert, entkernt und gewürfelt
* 2 Frühlingszwiebeln, fein gehackt
* 25 g frische Minze, fein gehackt
* 25 g frischer Koriander, fein gehackt
* 2 Pitabrote
* 80 g Feta (Abtropfgewicht), zerkrümelt

Dressing

* Saft von 1 Zitrone
* 3 EL Olivenöl
* ½ TL grob zerstoßene Kreuzkümmelsamen
* 1 Knoblauchzehe, fein gehackt
* Pfeffer

So geht's

Paprika, Gurke und Frühlingszwiebeln mit den Kräutern in eine Salatschüssel geben und mischen.

Für das Dressing Zitronensaft, Öl, Kreuzkümmel und Knoblauch in ein Schraubglas füllen. Leicht mit Pfeffer würzen. Zuschrauben und kräftig schütteln. Das Dressing über den Salat träufeln und unterheben. Den Salat auf vier Servierschalen verteilen.

Eine Grillpfanne erhitzen. Die Pitabrote darin bei mittlerer Hitze 1½ Minuten von jeder Seite röten, bis sie heiß und aufgegangen sind. Auf einen Teller heben und in kleine Stücke schneiden. Feta und Pitastücke auf dem Salat verteilen und sofort servieren.

Pro Portion: 263 kcal 15,3 g Fett 4,7 g ges. Fetts. 7,2 g Eiweiß 25 g Kohlenhydrate 3,3 g Ballaststoffe

Griechischer Linsensalat

Pro Portion: 429 kcal 17,6 g Fett 4,2 g ges. Fetts. 23,5 g Eiweiß 44,6 g Kohlenhydrate 6,9 g Ballaststoffe

Salat schmeckt nicht nur, wenn's draußen heiß ist. Dieser herzhafte, ballaststoffreiche Linsensalat ist schnell nach der Arbeit zubereitet und kann warm serviert werden – ideal für schon etwas kühlere Herbsttage.

Für 4 Personen

- 850 ml Gemüsebrühe
- 2 Lorbeerblätter
- 1 Zimtstange, halbiert
- 225 g Porree
- 225 g grüne Linsen, abgespült und abgetropft
- 3 EL Olivenöl
- 2 Knoblauchzehen, fein gehackt
- 4 Eier
- 2 EL abgetropfte und gehackte Kapern
- 85 g Babyspinat
- 25 g frische glatte Petersilie, grob gehackt

Dressing

- 2 EL Rotweinessig
- 1 TL Dijon-Senf
- Salz und Pfeffer

So geht's

Brühe, Lorbeerblatt und Zimt in einem Topf zum Kochen bringen. Vom weißen Ende des Porrees ein 7,5 cm langes Stück abschneiden und mit den Linsen in die Brühe geben. Bei geschlossenem Deckel 25 Minuten köcheln lassen, bis die Linsen gar sind und die Brühe fast aufgesogen ist. Gegebenenfalls zwischendurch etwas kochendes Wasser nachgießen. Die Linsen in eine Salatschüssel geben. Porree, Lorbeer und Zimtstange entfernen.

Inzwischen den restlichen Porree in feine Ringe schneiden. 1 Esslöffel Olivenöl in einer Pfanne erhitzen. Porree und Knoblauch darin bei mittlerer Hitze 3–4 Minuten unter Rühren andünsten. Abkühlen lassen.

Die Eier in einem Topf mit Wasser bedecken und 8 Minuten hart kochen. Unter fließend kaltem Wasser abschrecken, schälen und vierteln.

Für das Dressing Essig, restliches Öl und Senf in ein Schraubglas füllen. Salzen und pfeffern. Zuschrauben und kräftig schütteln. Über die Linsen träufeln und unterheben. Porree, Kapern und Spinat unterheben. Die Eierspalten auf dem Salat anrichten. Mit der Petersilie garnieren und warm servieren.

Gesunder roter Salat mit Brokkoli

Pro Portion: 232 kcal 11,1 g Fett 1,4 g ges. Fetts. 6,2 g Eiweiß 29 g Kohlenhydrate 6,5 g Ballaststoffe

Brokkoli zählt zu den Superfoods: Er enthält unter anderem Sulforaphan, dem krebsbekämpfende Eigenschaften zugesprochen werden, vor allem gegen Tumore des Verdauungsapparats, der Lunge und Prostata. Brokkoli sollte möglichst gedämpft werden, da bei anderen Garmethoden zu viel Vitamin C ausgeschwemmt wird.

Für 4 Personen

* 200 g Sprossenbrokkoli
* 250 g Rotkohl, gehobelt
* 115 g gegarte Rote Bete (Abtropfgewicht), in feinen Stiften
* 2 EL getrocknete Cranberrys
* 3 EL Balsamico-Essig

Croûtons

* 2 EL Olivenöl
* 85 g kräftiges Vollkornbrot, in kleinen Stücken
* 1 EL Sonnenblumenkerne
* 1 EL Leinsamen

So geht's

Den Brokkoli in einem Topf mit Dämpfeinsatz über siedendem Wasser bei geschlossenem Deckel 3–5 Minuten knackig gar dämpfen. Unter fließend kaltem Wasser abschrecken. Lange Brokkolistiele kürzen und nochmals längs halbieren. In eine Salatschüssel geben.

Rotkohl, Rote Bete und Cranberrys zufügen.

Für die Croûtons das Öl in einer Pfanne erhitzen. Die Brotstücke darin 3–4 Minuten unter Rühren anbräunen. Sonnenblumenkerne und Leinsamen zugeben und 2–3 Minuten mitrösten.

Den Balsamico-Essig über den Salat träufeln und unterheben. Mit Croûtons und Saaten garnieren und sofort servieren.

Dunkel ist besser

Je dunkler die Brokkoliröschen sind, ob bei violetten, grünen oder blaugrünen Varietäten, desto höher ist der Gehalt an Betacarotin und Vitamin C. Darüber hinaus enthält diese Kohlsorte auch Folsäure, Eisen und Kalium.

Bunter Drei-Saaten-Salat

Pro Portion: 212 kcal 14,6 g Fett 2 g ges. Fetts. 6,7 g Eiweiß 16 g Kohlenhydrate 4,7 g Ballaststoffe

Für das Dressing werden protein- und mineralreiche Saaten mit Joghurt und Zitronensaft gemixt, was eine musartige Konsistenz ergibt.

Für 4 Personen

- 115 g Babyspinat
- ½ Eichblattsalat, in mundgerechten Stücken
- 2 Selleriestangen, in Scheiben
- 1 kleine Handvoll Selleriegrün, grob gehackt, plus etwas mehr zum Garnieren
- 150 g Blaubeeren
- Saft von 2 Zitronen
- Salz und Pfeffer

Dressing

- 2 EL geröstete Sesamsaat, plus etwas mehr zum Garnieren
- 2 EL Sonnenblumenkerne
- 2 EL Leinsamen
- 1 Knoblauchzehe, in Scheiben
- 2 EL Olivenöl
- 150 g fettarmer Naturjoghurt

So geht's

Spinat- und Salatblätter in eine Salatschüssel geben. Sellerie, Sellerieblätter und Blaubeeren zugeben. Mit dem Saft einer Zitrone beträufeln. Leicht salzen und pfeffern. Alles vermengen.

Für das Dressing Sesam, Sonnenblumenkerne und Leinsamen in einen Mixer geben. Knoblauch, Öl und restlichen Zitronensaft zufügen. Salzen und pfeffern. Fein mahlen. Den Joghurt zufügen und einarbeiten, bis eine glatte Creme entstanden ist.

Den Salat auf vier Servierteller verteilen und einen guten Esslöffel Saatendressing in die Mitte setzen. Mit etwas Sesam und Selleriegrün garnieren und sofort servieren.

Super Saaten

Leinsamen sind die Saaten mit den meisten Mineralien, darunter Calcium, Magnesium, Phosphor, Kalium und Zink. Wenn sie ganz verzehrt werden, werden sie schlecht vom Körper aufgenommen und sollten deshalb zumindest geschrotet werden. Sonnenblumenkerne und Sesamsaat sind gute Quellen für Vitamin E. Sesam enthält darüber hinaus Calcium. Alle Saaten sind reich an Eiweiß und Ballaststoffen sowie ungesättigten Fettsäuren.

Salat mit indischen Gewürzen

Pro Portion: 193 kcal 12 g Fett 1,6 g ges. Fetts. 7,2 g Eiweiß 17 g Kohlenhydrate 4,2 g Ballaststoffe

Nie mehr Kohlsalat mit fetter Mayonnaise! Dieser knackige Salat wird mit fettarmem Joghurt angemacht. Garam Masala und Kurkuma geben ihm das gewisse Etwas.

Für 4 Personen

- 150 g fettarmer Naturjoghurt
- 175 g Rotkohl, gehobelt
- 40 g Grünkohl, in Steifen
- 1 roter Apfel, entkernt und geraspelt
- 1 große Karotte, geraspelt
- Salz und Pfeffer

Würzmischung

- 2 EL Kürbiskerne
- 2 EL Sonnenblumenkerne
- 2 EL Mandelblättchen
- 1½ TL Garam Masala
- ½ TL Kurkuma
- 1 EL Sonnenblumenöl

So geht's

Für die Würzmischung eine Pfanne erhitzen. Kürbis- und Sonnenblumenkerne, Mandeln, ½ Teelöffel Garam Masala und ¼ Teelöffel Kurkuma hineingeben. Das Öl zugießen und bei mittlerer Hitze 3–4 Minuten unter häufigem Rühren anbraten, bis die Mandeln goldbraun sind. Abkühlen lassen.

Für das Dressing den Joghurt mit dem restlichen Garam Masala und der restlichen Kurkuma in einer großen Schüssel verrühren. Salzen und pfeffern.

Rot- und Grünkohl, Apfel und Karotte zufügen und mischen. Den Salat auf vier Servierschalen verteilen und mit der Würzmischung garnieren.

Abwehrkräfte stärken

Rot- und Grünkohl sowie Karotten stecken voller Antioxidantien, und Vitamin-C-reiche Äpfel stärken Ihr Immunsystem.

Abwehrstarkes Gemüse-Carpaccio

Pro Portion: 359 kcal 21,4 g Fett 2,8 g ges. Fetts. 8,8 g Eiweiß 36,8 g Kohlenhydrate 10,6 g Ballaststoffe

Das Geheimnis dieses farbenfrohen Salats ist, die Gemüsesorten so fein wie möglich zu schneiden, sodass man fast durch die Scheiben durchsehen kann. Am besten klappt's mit einer Mandoline oder einem Hobel. Alternativ, aber etwas zeitaufwendiger gelingt es auch mit einem scharfen Messer.

Für 4 Personen

Hummus

- 400 g Kichererbsen aus der Dose, abgespült und abgetropft
- 1 Knoblauchzehe, fein gehackt
- 1 EL Chiasamen
- 2 EL geröstete Sesamsaat
- Saft von 1 Zitrone
- 2 EL Olivenöl
- Salz und Pfeffer

Salat

- 300 g grüner Spargel, in feinen Streifen
- 2 Karotten, in sehr feinen Streifen
- 1 rohe Rote Bete, geschält, in sehr feinen Scheiben, zarte Blätter aufbewahrt
- 1 rohe Gelbe Bete, geschält, in sehr feinen Scheiben, zarte Blätter aufbewahrt
- 85 g gelbe Cocktailtomaten, in feinen Scheiben
- 350 g Tomaten, in feinen Scheiben

Dressing

- Saft von ½ Zitrone
- 3 EL Olivenöl
- 1 TL Dijon-Senf

So geht's

Für das Hummus Kichererbsen, Knoblauch, Chiasamen und Sesamsaat mit Zitronensaft und Öl in den Mixer geben. Salzen und pfeffern. Zu einer groben, streichfähigen Paste verarbeiten.

Spargel, Karotten, Rote Bete und Tomaten in eine Salatschüssel geben.

Für das Dressing Zitronensaft, Öl und Senf in ein Schraubglas füllen. Leicht salzen und pfeffern. Zuschrauben und kräftig schütteln. Über den Salat träufeln und untermischen.

Zum Servieren das Hummus in die Mitte von vier Serviertellern geben und mit einem Löffelrücken etwas verstreichen. Den Salat darauf anrichten. Mit den Rote-Bete-Blättchen garnieren und sofort servieren.

Weizen-Goji-Beeren-Salat

Pro Portion: 420 kcal 22,8 g Fett 3,1 g ges. Fetts. 12,8 g Eiweiß 49 g Kohlenhydrate 10 g Ballaststoffe

Zartweizen ist vorgegarter Vollwert-Hartweizen, bei dem sämtliche komplexe Kohlenhydrate, B-Vitamine, Vitamin E und viele Mineralien und Ballaststoffe erhalten bleiben. Mit seinem tollen nussigen Geschmack ist er eine leckere, gesunde Alternative zu Reis.

Für 4 Personen

- 600 ml Gemüsebrühe
- 150 g Zartweizen
- 40 g getrocknete Goji-Beeren
- 2 Karotten
- 115 g Grünkohl, in Streifen

Dressing

- 55 g Haselnüsse, grob gehackt
- 2 EL Sesamsaat
- 2 EL Sonnenblumenkerne
- 2 EL Sojasauce
- 2 EL Sesamöl
- Saft von ½ Orange

So geht's

Die Brühe in einem Topf zum Kochen bringen. Den Zartweizen zufügen und 25 Minuten gar köcheln lassen. Gut abtropfen lassen und mit den Goji-Beeren in eine Salatschüssel geben.

Für das Dressing Haselnüsse, Sesam und Sonnenblumenkerne in einer Pfanne bei mittlerer bis starker Hitze 3–4 Minuten trocken rösten, bis sie goldbraun sind. Die Pfanne vom Herd nehmen, die Sojasauce zufügen und 1 Minute abkühlen lassen. Sesamöl und Orangensaft unterrühren. Die Hälfte des Dressings über den Zartweizen geben und untermischen. Erkalten lassen.

Die Karotten mit einem Gemüseschäler in lange, feine Streifen schneiden. Mit dem Grünkohl unter den Salat mischen. Mit dem restlichen Dressing beträufeln und sofort servieren.

Geniale Goji-Beeren

Diese kleinen, im Himalaja beheimateten Beeren enthalten reichlich Betacarotin und ausreichend B-Vitamine und Antioxidantien. Angeblich sollen sie auch bei Cellulitis helfen.

Abwehrstarkes Gemüse-Carpaccio
Seite 104
Weizen-Goji-Beeren-Salat
Seite 105

Knoblauchbrot auf Tomaten-Spinat-Salat

Wenn Knoblauch gebraten wird, verliert sich sein scharfer Geschmack und er erhält ein mildes, fast süßliches Aroma.

Für 4 Personen

- 1 Knoblauchknolle, quer halbiert
- 6 EL Olivenöl
- 85 g Babyspinat
- 85 g gemischte Salatblätter, z.B. Feldsalat, Rucola
- 225 g Cocktailtomaten, halbiert
- 4 Scheiben Vollkornbaguette

Dressing

- 2 EL Kürbiskerne
- 2 EL Sonnenblumenkerne
- 2 EL geschrotete Leinsamen
- ¼ TL geräuchertes scharfes Paprikapulver (Pimentón)
- 4 TL Balsamico-Essig
- Salz und Pfeffer

So geht's

Den Backofen auf 180 °C vorheizen. Die Knoblauchhälften mit den Schnittflächen nach oben auf einem Stück geknüllte Alufolie in eine kleine Bratform setzen und mit 1 Esslöffel Olivenöl beträufeln. Im vorgeheizten Ofen 20 Minuten braten, bis die Zehen goldgelb und weich sind.

Für das Dressing Kürbis- und Sonnenblumenkerne sowie Leinsamen in einer Pfanne bei mittlerer bis starker Hitze 3–4 Minuten trocken rösten, bis sie beginnen zu duften. Die Pfanne vom Herd nehmen, Paprikapulver und 4 Esslöffel Olivenöl zufügen. Abkühlen lassen.

Balsamico-Essig zufügen. Salzen und pfeffern, falls nötig.

Spinat- und Salatblätter in eine Salatschüssel geben. Die Tomaten darauf verteilen. Das Dressing darüberträufeln und untermischen. Den Salat auf vier Servierteller verteilen.

Das Brot toasten. Die weichen Knoblauchzehen aus den Schalen lösen und sehr fein hacken, bis ein grobes Mus entstanden ist. Die Brotscheiben damit bestreichen. Leicht salzen und pfeffern. In Stücke schneiden, auf dem Salat anrichten und mit dem restlichen Olivenöl beträufeln. Sofort servieren.

Pro Portion: 378 kcal 29 g Fett 3,9 g ges. Fetts. 7,9 g Eiweiß 24,6 g Kohlenhydrate 5 g Ballaststoffe

Salat mit dreierlei Beeren

Pro Portion: 169 kcal 10,8 g Fett 0,7 g ges. Fetts. 2,2 g Eiweiß 17 g Kohlenhydrate 4 g Ballaststoffe

Die Inhaltsstoffe der Beeren stärken das Immunsystem, und ihre sauberen, säuerlichen Aromen sind ein Frischekick für Ihre Geschmacksknospen.

Für 4 Personen

* 1 kleiner Radicchio, in mundgerechten Stücken
* ½ Eichblattsalat oder Lollo Rosso, in mundgerechten Stücken
* 25 g getrocknete Goji-Beeren
* 115 g Himbeeren
* 115 g Blaubeeren

Dressing

* 3 EL Hanföl
* Saft von ½ Zitrone
* 1 TL Reissirup
* Salz und Pfeffer

Ein Hoch auf Hanf

Hanföl enthält mehr Omega 3, 6 und 9 (die guten mehrfach ungesättigten Fettsäuren) als jedes andere in der Küche verwendete Öl.

So geht's

Radicchio und Eichblattsalat in eine Salatschüssel geben. Goji-Beeren, Himbeeren und Blaubeeren zugeben und vorsichtig untermischen.

Für das Dressing Hanföl, Zitronensaft und Reissirup in ein Schraubglas füllen. Salzen und pfeffern. Zuschrauben und kräftig schütteln. Über den Salat träufeln und unterheben. Den Salat auf vier Servierschalen verteilen und sofort servieren.

Grüne Pracht

Pro Portion: 250 kcal 17,7g Fett 2g ges. Fetts. 10g Eiweiß 11g Kohlenhydrate 6,5g Ballaststoffe

Ein hübscher Salat für den Sommer. Garnieren Sie ihn nach Belieben mit ein paar Kräutern oder essbaren Blüten wie Veilchen, Kapuzinerkresse oder Ringelblumen.

Für 4 Personen

- 200 g TK-Edamame (Sojabohnen, aus dem Asia-Shop) oder geschälte dicke Bohnen
- 120 g grüne Bohnen, geputzt
- 500 g junge Erbsen in der Hülse, sehr flache Hülsen halbiert, ansonsten gepalt
- 50 g Erbsensprossen
- 50 g Sprossen wie Alfalfa oder Radieschen

Dressing

- 2 EL Reisöl
- 2 EL Olivenöl
- Saft von 1 Limette
- 1 TL Agavendicksaft
- 2-cm-Stück frische Ingwerwurzel, geschält und fein gerieben
- Salz und Pfeffer

So geht's

Wasser in einem Topf zum Kochen bringen. Edamame und grüne Bohnen darin 2 Minuten blanchieren. Nicht gepalte Erbsen zufügen und 1 Minute mitgaren. Unter fließend kaltem Wasser abschrecken und abtropfen lassen. In eine Salatschüssel geben und die gepalten Erbsen untermischen.

Für das Dressing Reisöl, Olivenöl, Limettensaft, Agavendicksaft und Ingwer in ein Schraubglas füllen. Leicht salzen und pfeffern. Zuschrauben und kräftig schütteln.

Das Dressing über den Salat träufeln und unterheben. Mit den Erbsen- und anderen Sprossen garnieren und sofort servieren.

Edle Erbsen

Werden Erbsen gekocht, geht ein Teil des wasserlöslichen Vitamin C und Thiamins (Vitamin B1) verloren. Bei rohen Erbsen bleiben alle wertvollen Inhaltsstoffe erhalten.

Sprossen

Unter Nährwertaspekten sind Sprossen wahre Kraftpakete. Wenn die Samen keimen und zu sprießen beginnen, werden die natürlichen Nährstoffe vervielfacht, um das Wachstum der jungen Sprossen zu unterstützen. Deshalb sind sie hervorragend geeignet, um einem Salat eine Reihe von Antioxidantien, Vitamine zur Abwehrstärkung, Mineralien und Proteine zuzufügen. Beim Sprießen entwickeln sich auch die Pflanzenenzyme, die die Verdauung unterstützen. Gängige Sprossen sind Alfalfa, Azuki, Rote Beete, Brokkoli oder Rotklee für eine farbenfrohe, frisch schmeckende und günstige Zugabe zu jedem Salat. Aufgrund möglichen Bakterienbefalls wird Kindern unter fünf, Senioren, Schwangeren und Menschen mit geschwächtem Immunsystem vom Verzehr von rohen Sprossen abgeraten. Sie sollten nur gründlich gegarte Sprossen verzehren.

Das Berliner Bundesinstitut für Risikobewertung (BfR) rät Konsumenten davon ab, selbst gezogene rohe Sprossen oder Keimlinge zu verspeisen.

Cholesterinsenkender Getreidesalat

Pro Portion: 384 kcal 17,6 g Fett 3 g ges. Fetts. 9,8 g Eiweiß 45 g Kohlenhydrate 8 g Ballaststoffe

Es ist erweisen, dass durch eine erhöhte Zufuhr von löslichen Ballaststoffen aus Getreide und Vollkornprodukten der Cholesterinblutwert gesenkt werden kann. Die Fasern binden das Cholesterin und führen es aus dem Körper ab.

Für 4 Personen

- 700 ml Gemüsebrühe
- 40 g Wildreis
- 115 g Bulgur
- 115 g Quinoa
- 4 EL Olivenöl
- 2 kleine Zucchini, in schrägen Scheiben
- 4 Frühlingszwiebeln, längs halbiert
- Saft von ½ Zitrone
- 1 TL grob zerstoßene Kreuzkümmelsamen
- 25 g frische glatte Petersilie, grob gehackt
- 50 g Sprossenmix
- Salz und Pfeffer

Dressing

- fein abgeriebene Schale und Saft von ½ Zitrone
- fein abgeriebene Schale und Saft von 1 Limette
- 1 TL flüssiger Honig

So geht's

Die Brühe in einem Topf zum Kochen bringen. Den Reis hineingeben und 5 Minuten köcheln lassen. Den Bulgur zufügen und weitere 5 Minuten garen. Die Quinoa zugeben und 10–12 Minuten köcheln lassen, bis alle Getreidesorten gar sind. Abtropfen lassen und in eine Salatschüssel geben.

Für das Dressing Zitronenschale und -saft, Limettenschale und -saft, Honig und 2 Esslöffel Olivenöl in ein Schraubglas füllen. Salzen und pfeffern. Zuschrauben und kräftig schütteln. Über das Getreide träufeln und unterheben. Abkühlen lassen.

Inzwischen Zucchini und Zwiebeln mit dem restlichen Olivenöl, Zitronensaft und Kreuzkümmel mischen. Mit etwas Salz und Pfeffer würzen.

Eine gerippte Grillpfanne stark erhitzen. Zucchini und Zwiebeln darin 1–2 Minuten von jeder Seite braun anbraten. Auf einen Teller heben und abkühlen lassen. Das Gemüse in kleinere Stücke schneiden und zum Getreide geben. Die Petersilie untermischen. Mit den Sprossen garnieren und sofort servieren.

Ballaststoffe

Lösliche pflanzliche Fasern stabilisieren den Blutzuckerspiegel, indem sie die Geschwindigkeit der Glukoseabsorption im Körper verlangsamen, was wiederum Blutzucker- und Stimmungsschwankungen ausgleicht.

Schlank

Reissalat mit Cranberrys & Pute

Pro Portion: 327 kcal 2,6 g Fett 0,6 g ges. Fetts. 22,5 g Eiweiß 53,3 g Kohlenhydrate 4,2 g Ballaststoffe

Inspiriert vom amerikanischen Thanksgiving kommen in diesem Salat Pute und Cranberrys zusammen. Der Salat ist ideal zum Mitnehmen ins Büro, wenn sie den Rucola separat einpacken und vor dem Essen untermischen, damit er knackig bleibt.

Für 4 Personen

- 150 g brauner Basmatireis
- 40 g Wildreis
- 250 g Putenbrustschnitzel
- 40 g getrocknete Cranberrys
- 3 Frühlingszwiebeln, fein gehackt
- 200 g Tomaten, gewürfelt
- 1 kleine rote Paprika, in Stücken
- 55 g Rucola
- 40 g sehr dünn aufgeschnittener magerer Kochschinken, in Streifen
- Salz und Pfeffer

Dressing

- 1½ EL Cranberrysauce
- 1½ EL Sherry-Essig
- fein abgeriebene Schale und Saft von 1 kleinen Zitrone
- 1 TL Dijon-Senf

So geht's

Kaltes Wasser in den Boden eines Dämpftopfs füllen und zum Kochen bringen. Basmati- und Wildreis zufügen und erneut zum Kochen bringen. Das Putenfleisch in den Dämpfeinsatz geben. Salzen und pfeffern. In den Topf einsetzen und bei geschlossenem Deckel 15 Minuten dämpfen, bis das Fleisch gar ist. Zur Probe ein Fleischstück durchschneiden; es darf in der Mitte nicht mehr rosa sein, und der Fleischsaft muss klar aussehen. Das Fleisch herausnehmen und den Reis weitere 5–10 Minuten gar dämpfen.

Das Putenfleisch würfeln und mit den Cranberrys in eine Schüssel geben. Den Reis abschrecken und abtropfen lassen, dann ebenfalls in die Schüssel geben.

Für das Dressing die Cranberrysauce in einen kleinen Topf geben und bei kleiner Hitze verflüssigen. Den Topf vom Herd nehmen und Essig, Zitronenschale und -saft, Senf und etwas Salz und Pfeffer mit einer Gabel unterrühren. Über den Salat träufeln und abkühlen lassen.

Frühlingszwiebeln, Tomaten und Paprika unterheben. Den Salat auf vier Servierteller verteilen. Mit Rucola und Schinken garnieren und sofort servieren.

Salat mit Steak & leichtem Thousand Island Dressing

Pro Portion: 287 kcal 8 g Fett 2,8 g ges. Fetts. 35,7 g Eiweiß 18,4 g Kohlenhydrate 4,6 g Ballaststoffe

Thousand Island Dressing wird üblicherweise mit Mayonnaise zubereitet. Diese leichtere Version schmeckt aber mindestens genauso gut – nicht nur zu einem Steak.

Für 4 Personen

- 80 g Mehrkornbrot, in Würfeln
- fettarmes Backtrennspray
- 115 g grüne Bohnen, halbiert
- 150 g Brokkoli, in Röschen, Stiele in Scheiben
- 2 Rinderfiletsteaks (à 250 g), pariert
- ½ Eisbergsalat, in mundgerechten Stücken
- 150 g Salatgurke, längs halbiert, entkernt und in Scheiben

Dressing

- 200 g fettarmer Naturjoghurt
- 2 TL Tomatenmark
- 2 TL Worcestersauce
- ½ TL Streusüße
- Salz und Pfeffer

So geht's

Den Backofen auf 200 °C vorheizen. Das Brot mit Backtrennspray besprühen und im vorgeheizten Ofen 8–10 Minuten goldbraun rösten. Inzwischen Bohnen und Brokkoli in einem Schnellkochtopf 3–5 Minuten knackig gar dämpfen. Unter fließend kaltem Wasser abschrecken und abtropfen lassen.

Für das Dressing Joghurt, Tomatenmark, Worcestersauce und Streusüße in einer Schüssel glatt rühren. Mit Salz und Pfeffer abschmecken.

Eine Grillpfanne stark erhitzen. Die Steaks mit Backtrennspray besprühen. Salzen und pfeffern. In der heißen Pfanne von jeder Seite 2 Minuten (englisch) bzw. 3 Minuten (medium) oder 4 Minuten (durchgegart) braten. Auf einen Teller heben und einige Minuten ruhen lassen. Salat, Gurke und Gemüse in eine Schüssel geben. Mit dem Dressing beträufeln und mischen. Mit dem gerösteten Brot bestreuen. Den Salat auf vier Servierschalen verteilen. Die Steaks in feine Streifen schneiden und auf dem Salat anrichten. Sofort servieren.

Gute Bakterien

Wie alle fermentierten Milchprodukte ist auch Joghurt eine natürliche Quelle für probiotische Bakterien. Sie unterstützen die Darmgesundheit und das Abwehrsystem. Forschungen haben gezeigt, dass sie bei regelmäßigem Verzehr den Cholesterinspiegel regulieren können.

Pikanter Hähnchensalat

Pro Portion: 257 kcal 6,5 g Fett 1,5 g ges. Fetts. 42 g Eiweiß 7,5 g Kohlenhydrate 1,5 g Ballaststoffe

Die Joghurtmarinade mit indischen Gewürzen ist zwar fettarm, aber sehr aromatisch. Am besten schmeckt der Salat, wenn das Hähnchenfleisch knusprig und warm auf dem knackigen Grün serviert wird.

Für 4 Personen

- 80 g Senfblätter
- 115 g gemischte Salatblätter, z.B. Rucola, Feldsalat, Eichblattsalat
- 150 g Salatgurke, in sehr feinen Scheiben
- 25 g frischer Koriander, grob gehackt

Pikantes Hähnchen

- 200 g fettarmer Naturjoghurt
- 1 TL grob zerstoßene Kreuzkümmelsamen
- 1 TL Garam Masala
- ½ TL Kurkuma
- 1 Knoblauchzehe, fein gehackt
- 2 EL fein gehackter frischer Koriander
- 500 g Hähnchenbrustfilet, gewürfelt
- Salz und Pfeffer

Dressing

- 1 EL Olivenöl
- ½ TL grob zerstoßene Kreuzkümmelsamen
- ½ getrockneter roter Chili, zerstoßen
- Saft von 1 Zitrone
- ½ TL Streusüße

So geht's

Für das Hähnchen den Joghurt in einer Schüssel mit Kreuzkümmel, Garam Masala, Kurkuma, Knoblauch und Koriander verrühren. Mit etwas Salz und Pfeffer würzen. Die Hähnchenwürfel darin wenden und abgedeckt 1 Stunde im Kühlschrank marinieren.

Für das Dressing Öl, Kreuzkümmel und Chili in eine Pfanne geben und bei mittlerer Hitze 1–2 Minuten erwärmen, bis die Aromen freigesetzt werden.
Die Pfanne vom Herd nehmen. Zitronensaft und Streusüße unterrühren. Abkühlen lassen.

Vor dem Servieren Senf- und Salatblätter in eine Schüssel geben. Gurke und Koriander darauf verteilen. Den Backofengrill vorheizen. Die Hähnchenwürfel auf acht Metallspieße stecken und unter mehrmaligem Wenden 12–15 Minuten gar und goldbraun grillen. Zur Probe ein Fleischstück durchschneiden; es darf in der Mitte nicht mehr rosa sein, und der Fleischsaft muss klar aussehen. Das Dressing über den Salat träufeln und untermischen. Die Hähnchenwürfel von den Spießen auf den Salat streifen und sofort servieren.

Pikanter Hähnchensalat

Seite 121

Salat mit Steak & leichtem Thousand Island Dressing

Seite 120

Jamaikanischer Fruchtsalat mit Pute

Dieser einfache, schlanke Salat steckt voller karibischer Aromen. Er macht satt und rundum glücklich!

Für 4 Personen

- 1 Kopfsalat, in mundgerechten Stücken
- Saft von 1 Limette
- 1 kleine Ananas, geschält und in feinen Spalten
- 2 EL Sherry-Essig
- 1 EL Tomatenmark
- 3 Zweige frischer Thymian, Blätter abgezupft
- 450 g Putenmedaillons
- fettarmes Backtrennspray
- Salz und Pfeffer

Salsa

- 1 kleine Mango, geschält und gewürfelt
- 1 kleine rote Paprika, gewürfelt
- 2 Frühlingszwiebeln, fein gehackt
- fein abgeriebene Schale von 1 Limette
- Saft von ½ Limette

Gewürzmischung

- 1 TL gemahlener Piment
- 1 TL Paprikapulver
- 1 TL zerstoßene getrocknete Chili
- Saft von ½ Limette

So geht's

Für die Salsa alle Zutaten in einer Schüssel verrühren. Mit etwas Salz und Pfeffer abschmecken.

Den Salat in eine flache Schüssel geben und mit dem Limettensaft beträufeln. Leicht salzen und pfeffern. Mischen.

Für die Gewürzmischung alle Zutaten mit einer Prise Salz in einer Schale mischen.

Den Backofengrill vorheizen. Die Ananasscheiben nebeneinander auf ein Backblech legen. Mit etwas Gewürzmischung bestreuen und 2–3 Minuten grillen, bis sie braun werden. Auf einen Teller heben.

Sherry-Essig, Tomatenmark und Thymianblätter in die Gewürzmischung rühren. Die Medaillons damit bestreichen und auf den Backofenrost legen. Mit Backtrennspray besprühen, auf das Backblech setzen und 12–15 Minuten grillen. Dabei einmal wenden und mit Bratensaft bestreichen. Zur Probe ein Fleischstück durchschneiden; es darf in der Mitte nicht mehr rosa sein, und der Fleischsaft muss klar aussehen. Die Medaillons in Streifen schneiden.

Die warmen Ananasscheiben zwischen die Salatblätter stecken und die Putenbruststreifen darauf anrichten. Die Salsa darübergeben und sofort auf vier Tellern servieren.

Pro Portion: 217 kcal 2,2 g Fett 0,5 g ges. Fetts. 28,3 g Eiweiß 22 g Kohlenhydrate 3,3 g Ballaststoffe

Knackiger Geflügelsalat

Pro Portion: 270 kcal 14,6 g Fett 4,7 g ges. Fetts. 27 g Eiweiß 8,2 g Kohlenhydrate 4 g Ballaststoffe

Ein klassischer Salat – und durch das wunderbar leichte Dressing auch noch kalorienarm –, der sich als schlanke Vorspeise oder Mittagessen empfiehlt.

Für 4 Personen

- 2 Eier
- fettarmes Backtrennspray
- 4 Scheiben Putenspeck, in Streifen
- 1 großer Romanasalat, in mundgerechten Stücken
- 200 g Tomaten, in Spalten
- 225 g gegarte Hähnchenbrust, gewürfelt
- 55 g Blauschimmelkäse, zerkrümelt

Dressing

- 2 EL Balsamico-Essig
- 1 TL Dijon-Senf
- 2 EL Olivenöl
- ¼ TL Salz
- ¼ TL Pfeffer

So geht's

Für das Dressing alle Zutaten in einer Schüssel verrühren.

Die Eier in einem kleinen Topf mit Wasser bedecken und 8 Minuten hart kochen. Unter fließend kaltem Wasser abschrecken und schälen. Das Eigelb herauslösen und das Eiweiß hacken. Das Eigelb anderweitig verwenden.

Eine Pfanne mit Backtrennspray besprühen und erhitzen. Den Speck darin bei mittlerer bis starker Hitze 2–3 Minuten anbraten, bis er leicht gebräunt und knusprig ist.

Salat und Tomaten in einer Schüssel mischen. Mit etwas Dressing überziehen. Den Salat auf vier Servierteller verteilen und Hähnchenwürfel, Schinkenstreifen, Käse und Eiweiß darauf anrichten. Mit dem restlichen Dressing beträufeln und sofort servieren.

Vietnamesischer Geflügelsalat

Pro Portion: 267 kcal 7 g Fett 2 g ges. Fetts. 37 g Eiweiß 13,8 g Kohlenhydrate 3,8 g Ballaststoffe

Dieser Salat wird nicht mit einem herkömmlichen Dressing angemacht, sondern mit einer selbst zubereiteten konzentrierten Hühnerbrühe und feinsäuerlicher Limette. Das schmeckt nicht nur frisch, sondern ist auch fett- und kalorienarm.

Für 4 Personen

- 2 Karotten
- 1 Zucchini
- 150 g Bohnensprossen
- 2 Romana-Salatherzen, in mundgerechten Stücken
- 25 g frischer Koriander, grob gehackt

Hähnchen

- 1 ganzes küchenfertiges Hähnchen (1 kg)
- 2 Zitronengrasstängel, längs halbiert
- 1 Selleriestange, in Scheiben
- 1 Zwiebel, geviertelt
- 2 Karotten, in Scheiben
- 1,2 l kaltes Wasser
- 2 EL Sojasauce

Dressing

- 125 ml konzentrierte Hühnerbrühe
- fein abgeriebene Schale und Saft von ½ Limette
- 1 roter Chili, entkernt und fein gehackt
- 2 TL Fischsauce

So geht's

Das Hähnchen mit der Brustseite nach unten in einen nur wenig größeren Topf geben. Zitronengras, Sellerie, Zwiebel und Karotten zufügen. Wasser und Sojasauce zugießen und zum Kochen bringen. Dann 1 Stunde bei geschlossenem Deckel köcheln lassen, bis das Fleisch gar ist. Das Hähnchen aus dem Topf nehmen. Zur Probe die dickste Stelle in der Keule einstechen; der Fleisch darf in der Mitte nicht mehr rosa sein, und der Fleischsaft muss klar aussehen. Abgedeckt erkalten lassen. Die Brühe 30–45 Minuten auf 250 ml einkochen. Durch ein Haarsieb passieren und abkühlen lassen.

Für den Salat Karotten und Zucchini mit einem Gemüseschäler in lange, dünne Streifen schneiden und in eine Salatschüssel geben. Bohnensprossen, Romanasalat und Koriander untermischen.

Für das Dressing die Hühnerbrühe entfetten und 150 ml abmessen. In eine große Schüssel füllen. Mit Limettenschale und -saft, Chili und Fischsauce verrühren.

Das Hähnchenfleisch von der Karkasse lösen und in lange dünne Streifen trennen. Mit dem Dressing mischen. Den Salat auf vier Servierteller verteilen und mit dem Hähnchenfleisch garnieren. Sofort servieren.

Kalorienarmes Hähnchenfleisch

Wenn Sie auf Ihre Kalorienzufuhr achten (müssen), ist mageres Hähnchenfleisch ideal, vorausgesetzt Sie entfernen die Haut bzw. schöpfen das Fett von selbst zubereiteter Brühe ab.

Asia-Reissalat mit Thunfisch

Pro Portion: 334 kcal 0,8 g Fett 0,1 g ges. Fetts. 21 g Eiweiß 60 g Kohlenhydrate 2,9 g Ballaststoffe

Dieser sättigende Reissalat ist ein Mix aus ballaststoffreichem Wildreis, eiweißreichem Thunfisch und knackigem Gemüse, angemacht mit einem ölfreien Dressing.

Für 4 Personen

* 55 g Wildreis
* 200 g Langkornreis
* 70 g Salatgurke, gewürfelt
* 85 g kleine Champignons, geviertelt
* 25 g frischer Koriander, grob gehackt
* 200 g Thunfisch in Wasser, abgetropft und zerteilt
* 125 grüner Spargel, geputzt
* 50 g Zuckererbsen, in feinen Streifen

Dressing

* fein abgeriebene Schale und Saft von 1 Limette
* 2-cm-Stück frische Ingwerwurzel, geschält und fein gerieben
* 3 EL helle Sojasauce
* 2 EL süße Chilisauce

So geht's

Den Wildreis in einen Topf mit kochendem Wasser geben und ohne Deckel 10 Minuten garen. Den Langkornreis zufügen und 8–10 Minuten mitgaren, bis alle Körner weich sind. Unter fließend kaltem Wasser abschrecken und abtropfen lassen. In eine Salatschüssel geben.

Gurke, Pilze und Koriander zufügen und untermischen. Den Thunfisch darauf verteilen.

Für das Dressing alle Zutaten in eine Schale geben und mit einer Gabel verquirlen. Über den Salat träufeln und untermischen.

Die Spargelstangen auf ein Schneidebrett legen und mit einem Gemüseschäler in lange, dünne Streifen schneiden.

Den Salat auf vier Servierteller verteilen. Spargel und Zuckererbsen darauf anrichten und sofort servieren.

Räucherlachssalat mit Spargel & Krebsfleischdressing

Pro Portion: 135 kcal 3,7 g Fett 0,8 g ges. Fetts. 19,5 g Eiweiß 7 g Kohlenhydrate 3,4 g Ballaststoffe

Dieser edle Salat ist superschnell zubereitet und macht bei Gästen ganz schön Eindruck! Wenn Sie kein frisches oder Tiefkühl-Krebsfleisch finden, greifen Sie zur Dose.

Für 4 Personen

* 300 g grüner Spargel, geputzt
* 1 Kopfsalat, in mundgerechten Stücken
* 1 kleiner roter Romanasalat, in mundgerechten Stücken
* 200 g Räucherlachsscheiben, in Streifen
* 125 g frisches gegartes weißes Krebsfleisch
* 1 Prise Paprikapulver

Dressing

* 2 EL fettreduzierte Crème fraîche
* 2 EL dunkles gegartes Krebsfleisch
* 1 Prise gemahlener Mazis (nach Belieben)
* Saft von 1 Zitrone
* Salz und Pfeffer

So geht's

Den Spargel in einem Topf 4–5 Minuten knackig gar dämpfen. Abkühlen lassen.

Die Blattsalate in einer Schüssel mischen. Die Räucherlachsscheiben und das weiße Krebsfleisch darauf verteilen.

Für das Dressing Creme fraîche, dunkles Krebsfleisch und Mazis, falls verwendet, in eine Schale geben und mit einer Gabel glatt rühren. Nach und nach den Zitronensaft einarbeiten. Mit Salz und Pfeffer abschmecken.

Den Salat auf vier Servierteller verteilen und den Spargel darauf anrichten. Mit dem Dressing beträufeln und mit dem Paprikapulver bestäuben. Sofort servieren.

Selen für die Fruchtbarkeit

Krebs- und anderes Krustentierfleisch ist eine ausgezeichnete Quelle für das Spurenelement Selen, das im Zusammenspiel mit Vitamin E ein gesundes Wachstum und Fruchtbarkeit, die Leberfunktion und die Hormonproduktion unterstützt. Als Antioxidans sagt man ihm eine Eindämmung von oxidierten Fetten, somit eine antikarzinogene Wirkung nach.

Superleichter Nizza-Salat

Zugegeben, dieser französische Salatklassiker ist kalorienreicher als die meisten anderen Salate in diesem Kapitel. Durch das fettreduzierte Dressing wird die Kalorienmenge aber einigermaßen im Zaun gehalten.

Für 4 Personen

- 400 g kleine neue Kartoffeln, in dicken Scheiben
- 150 g Brokkoli, in kleinen Röschen, Stiele in Scheiben
- 150 g grüne Bohnen, geputzt und halbiert
- 2 Romana-Salatherzen, in mundgerechten Stücken
- 300 g Tomaten, gewürfelt
- 150 g Salatgurke, längs halbiert, entkernt und gewürfelt
- ½ rote Zwiebel, in feinen Ringen
- 85 g schwarze Oliven, entsteint
- 2 EL grob gehackte frische glatte Petersilie
- 12 Wachteleier
- 2 Thunfischsteaks (à 225 g)
- fettarmes Backtrennspray
- Salz und Pfeffer

Dressing

- Saft von 1 Zitrone
- 2 EL Olivenöl
- 3 EL Balsamico-Essig

So geht's

Die Kartoffeln in einem Schnellkochtopf 6–8 Minuten gar dämpfen. Abkühlen lassen. Anschließend Brokkoli und Bohnen in den Topf geben und 2 Minuten knackig gar dämpfen. Abtropfen und abkühlen lassen.

Für das Dressing Zitronensaft, Öl und Essig in ein Schraubglas füllen. Leicht salzen und pfeffern. Zuschrauben und kräftig schütteln.

Den Salat in eine Schüssel geben. Tomaten, Gurken, Zwiebel, Oliven und Petersilie sowie Kartoffeln, Brokkoli und Bohnen zufügen. Das Dressing darüberträufeln und unterheben.

Die Wachteleier nach Packungsangabe hart kochen. Unter fließend kaltem Wasser abschrecken. Eine gerippte Grillpfanne stark erhitzen. Die Thunfischsteaks mit Backtrennspray besprühen. Salzen und pfeffern. Von jeder Seite 1½ Minuten (blutig) bzw. 2½ Minuten (medium) braten. In feine Scheiben schneiden.

Den Salat auf vier Servierteller verteilen. Einige Wachteleier schälen und halbieren, die restlichen in der Schale halbieren und auf den Salat setzen. Die Thunfischstreifen darauf anrichten und sofort servieren.

Pro Portion: 387 kcal 13,8 g Fett 2,6 g ges. Fetts. 33,7 g Eiweiß 33,9 g Kohlenhydrate 8 g Ballaststoffe

Asia-Reissalat mit Thunfisch

Seite 128

Räucherlachs-salat mit Spargel & Krebsfleisch-dressing

Seite 129

Salat mit Garnelen & Tortillastrips

Pro Portion: 226 kcal 9 g Fett 1,3 g ges. Fetts. 19,6 g Eiweiß 19,5 g Kohlenhydrate 5 g Ballaststoffe

Tortillas einmal anders: Als feine Streifen harmonieren sie perfekt mit dem knackigen grünen Salat und den frischen Garnelen.

Für 4 Personen

- 2 Maistortillas
- fettarmes Backtrennspray
- 500 g Romanasalat, in Streifen
- 300 g Salatgurke, in feinen Scheiben
- 135 g Gemüsemais (Tiefkühlware, aufgetaut)
- 2 Tomaten, in Spalten
- 450 g gekochte ausgelöste Garnelen (aufgetaut, falls gefroren)
- Salz

Dressing

- 2 EL Olivenöl
- 2 EL Limettensaft
- 1 Knoblauchzehe, fein gehackt
- ½ TL gemahlener Kreuzkümmel
- 1 EL fein gehackte rote Zwiebel
- 1 EL fein gehackter frischer Koriander

So geht's

Den Backofen auf 200 °C vorheizen. Ein Backblech mit Alufolie belegen.

Die Tortillas von beiden Seiten mit Backtrennspray besprühen. Halbieren und in 5 mm breite Streifen schneiden. Auf dem Backblech verteilen und im vorgeheizten Ofen 10 Minuten knusprig und leicht gebräunt backen. Auf dem Blech abkühlen lassen.

Für das Dressing Öl, Limettensaft, Knoblauch, Kreuzkümmel und ½ Teelöffel Salz in einer Schale verrühren. Zwiebel und Koriander untermischen.

Salat, Gurke, Mais und Tomaten in einer Salatschüssel mischen. Einige Löffel Dressing unterheben. Den Salat auf vier Servierteller verteilen und die Garnelen darauf anrichten. Mit dem restlichen Dressing beträufeln. Mit den Tortillastreifen garnieren und sofort servieren.

Gesunde Garnelen

Garnelen sind kalorienarm und enthalten größere Mengen des antioxidativ wirkenden Spurenelements Selen sowie des antioxidativen und entzündungshemmenden Nährstoffs Astaxanthin.

Bohnensalat mit Feta

Pro Portion: 249 kcal 21 g Fett 5,1 g ges. Fetts. 5,1 g Eiweiß 11,8 g Kohlenhydrate 3,6 g Ballaststoffe

Eine kleine Menge Feta erzielt in diesem Salat bereits große Wirkung. Der Käse fügt knackigen Bohnen und süßen Tomaten eine angenehm salzige Note hinzu.

Für 4 Personen

- 350 g grüne Bohnen, geputzt
- 1 rote Zwiebel, fein gehackt
- 3 EL fein gehackter frischer Koriander
- 2 Radieschen, in feinen Scheiben
- 75 g Feta (Abtropfgewicht), zerkrümelt
- 1 TL fein gehackter frischer oder ½ TL getrockneter Oregano
- 2 EL Rotweinessig
- 5 EL natives Olivenöl extra
- 225 g Tomaten, in Spalten
- Pfeffer

So geht's

Die Bohnen in einem Topf mit kochendem Wasser 5 Minuten knackig gar kochen. Unter kaltem Wasser abschrecken und abtropfen lassen. Die Bohnen halbieren und in eine Salatschüssel geben. Zwiebel, Koriander, Radieschen und Feta zugeben.

Mit dem Oregano bestreuen und mit Pfeffer würzen.

Für das Dressing Essig und Öl in einer Schale verrühren. Über den Salat träufeln. Die Tomaten zufügen und unterheben. Sofort servieren.

Tolle Bohnen

Zart und schlank – grüne Bohnen enthalten Mikronährstoffe, Mineralien und Vitamine. Darüber hinaus sind sie cholesterinfrei und ballaststoffreich, was zum einen verdauungsfördernd ist und zum anderen den Kohlenhydratstoffwechsel verlangsamt und so den Blutzuckerspiegel reguliert.

Konfettisalat mit Omelettröllchen

Pro Portion: 378 kcal 12,6 g Fett 3,4 g ges. Fetts. 16,8 g Eiweiß 48 g Kohlenhydrate 6,6 g Ballaststoffe

Für eine sättigende und dabei kalorienarme Mahlzeit liegen Sie mit diesem Salat genau richtig. Er hält sich gut im Kühlschrank, bis man von der Arbeit kommt.

Für 4 Personen

* 900 ml Gemüsebrühe
* 225 g Quinoa
* 1 Zucchini, geraspelt
* 1 Karotte, geraspelt
* 200 g rohe Rote Bete, geraspelt

Dressing

* fein abgeriebene Schale und Saft von 1 Zitrone
* 2 EL helle Sojasauce
* 25 g frischer Koriander, fein gehackt
* Salz und Pfeffer

Omelett

* 4 Eier
* 1 kleiner roter Chili, entkernt und fein gehackt
* 2 EL grob gehackter Koriander
* 2 EL Wasser
* 2 TL Sonnenblumenöl

So geht's

Die Brühe in einem Topf zum Kochen bringen. Die Quinoa darin 10–12 Minuten köcheln lassen, bis die Samen glasig sind. Abtropfen und zusammen mit Zucchini, Karotte und Rote Bete in eine Salatschüssel füllen. Abkühlen lassen.

Für das Dressing Zitronenschale und -saft sowie Sojasauce in einer Schale mit einer Gabel verrühren. Den Koriander zufügen. Mit etwas Salz und Pfeffer abschmecken.

Für das Omelett die Eier in eine Schüssel schlagen. Chili, Koriander und Wasser zufügen. Salzen und pfeffern und alles mit einer Gabel verquirlen. Einen Teelöffel Öl in einer Pfanne erhitzen. Die Hälfte der Eiermischung hineingießen und bei mittlerer Hitze 4–5 Minuten garen, bis die Unterseite goldbraun und das Omelett gestockt. Dabei mit einer Gabel gestocktes Ei in die Mitte ziehen. Die Ränder von der Pfanne lösen und das Omelett auf ein Schneidebrett gleiten lassen, aufrollen und 5 Minuten abkühlen lassen. Mit der restlichen Eiermasse ebenso verfahren. Die Rollen in dünne Scheiben schneiden und auf dem Salat anrichten.

Klasse Karotten

Karotten sind reich an Betacarotin, das im Körper zu Vitamin A umgewandelt wird. Das Vitamin unterstützt die Hautgesundheit und beugt Falten vor. Die wasserlöslichen Ballaststoffe sind cholesterinsenkend, und den Carotinoiden wird eine vorbeugende Wirkung vor Herzerkrankungen zugesprochen.

Schlanker Kartoffelsalat

Pro Portion: 145 kcal 0,8 g Fett 0,4 g ges. Fetts. 5,1 g Eiweiß 29 g Kohlenhydrate 4,3 g Ballaststoffe

Auf sein Gewicht zu achten, bedeutet nicht, dass man auf Kartoffelsalat verzichten muss. Ersetzen Sie einfach die Kalorienbombe Mayonnaise durch ein gesünderes, fast fettfreies Joghurt-Kräuter-Dressing.

Für 4 Personen

- 650 g kleine neue Kartoffeln, in dicken Scheiben
- 25 g Rucola

Dressing

- 150 g fettarmer Naturjoghurt
- 1 TL Dijon-Senf
- ½ TL Streusüße
- 2 Frühlingszwiebeln, fein gehackt
- 4 EL grob gehackter frischer Dill
- 50 g frische glatte Petersilie, fein gehackt
- Salz und Pfeffer

Dampfkraft

Das feine Aroma von neuen Kartoffeln bleibt besonders gut erhalten, wenn man sie nicht in Wasser kocht, sondern dämpft. So geht auch viel weniger Vitamin C, das in den Schalen steckt, ans Kochwasser verloren. Kartoffeln enthalten außerdem B-Vitamine und Ballaststoffe und kleine Mengen Eiweiß. Besonders geschätzt werden sie aber für ihre komplexen Kohlenhydrate und ihren geringen Fettgehalt.

So geht's

Die Kartoffeln in einem Schnellkochtopf 6–8 Minuten gar dämpfen. Etwa 10 Minuten abkühlen lassen.

Inzwischen für das Dressing Joghurt, Senf und Streusüße in einer großen Schüssel verrühren. Frühlingszwiebeln, Dill und Petersilie unterrühren. Mit Salz und Pfeffer abschmecken.

Die warmen Kartoffeln unterheben und vollständig erkalten lassen. Den Salat auf vier Servierschalen verteilen, mit dem Rucola garnieren und sofort servieren.

Zucchinisalat mit Spinat & Minze

Pro Portion: 75 kcal 1,3 g Fett 0,5 g ges. Fetts. 5,9 g Eiweiß 11,8 g Kohlenhydrate 3,6 g Ballaststoffe

Dieser ungewöhnliche Zucchinisalat ist leicht und frisch. Dafür sorgt ein supergesundes, fettarmes Joghurtdressing mit Minze.

Für 4 Personen

* 2 Zucchini, in Stiften
* 100 g grüne Bohnen, in kurzen Stücken
* 1 grüne Paprika, in Streifen
* 2 Selleriestangen, in Scheiben
* 200 g Spinat

Dressing

* 200 g fettarmer Naturjoghurt
* 1 Knoblauchzehe, fein gehackt
* 2 EL grob gehackte frische Minze
* Pfeffer

So geht's

Zucchini und Bohnen in einen Topf mit kochendem Wasser geben und 5 Minuten knackig gar kochen. Unter fließend kaltem Wasser abschrecken und abtropfen lassen. In eine Salatschüssel geben und abkühlen lassen.

Paprika, Sellerie und Spinat (größere Blätter in mundgerechte Stücke geteilt) zugeben.

Für das Dressing Joghurt, Knoblauch und Minze in einer Schale verrühren. Mit Pfeffer abschmecken. Über den Salat träufeln und sofort servieren.

Starker Spinat

Bereits 100 g Spinat versorgen den Körper mit 25 Prozent des täglichen Eisenbedarfs. Außerdem enthält er viele lösliche Ballaststoffe ebenso wie die Vitamine A, B6 und C, Kalium, Magnesium, Mangan, Kupfer und Zink. Er ist eine ausgezeichnete Quelle für Omega-3-Fettsäuren, kurzum ein absolutes Superfood!

Brokkoli

Ernährungswissenschaftler loben Brokkoli in den höchsten Tönen als Superfood. Das liegt im Wesentlichen am hohen Gehalt an Indolen und Isothiocyanaten, zwei Pflanzenstoffgruppen, die für die Verstärkung einer Enzymgruppe sorgen, die antikarzinogenes Potenzial besitzt, besonders gegen Prostatatumore. Brokkoli enthält überdies antioxidative Vitamine wie Betacarotin und Vitamin C. Je dunkler die Röschen, desto mehr Betacarotine und Vitamin C sind darin enthalten. Das Gemüse sollte vorzugsweise gedämpft werden, damit möglichst viel Vitamin C erhalten bleibt. Brokkoli liefert außerdem Folsäure, Eisen und Kalium. Für alle, die auf Milchprodukte verzichten, ist die Kohlsorte eine wichtige Calciumquelle. Die löslichen Ballaststoffe unterstützen den Cholesterinabbau. Essen Sie also mehr Brokkoli!

Bunter Sommersalat mit Joghurtdressing

Pro Portion: 122 kcal 7,6 g Fett 1,3 g ges. Fetts. 3,8 g Eiweiß 10,7 g Kohlenhydrate 2,3 g Ballaststoffe

Dieser farbenfrohe Salat ist eine perfekte schlanke Mittagsmahlzeit oder eine tolle Beilage zu gegrilltem Fisch.

Für 4 Personen

* 150 g Salatgurke, in feinen Scheiben
* 6 Frühlingszwiebeln, fein gehackt
* 150 g Tomaten, in Scheiben
* 1 gelbe Paprika, in Streifen
* 2 Selleriestangen, in feinen Scheiben
* 4 Radieschen, in feinen Scheiben
* 85 g Rucola

Dressing

* 2 EL Zitronensaft
* 1 Knoblauchzehe, zerdrückt
* 150 g fettarmer Naturjoghurt
* 2 EL Olivenöl
* Salz und Pfeffer

So geht's

Gurke, Frühlingszwiebeln, Tomaten, Paprika, Sellerie, Radieschen und Rucola in eine Salatschüssel geben.

Für das Dressing Zitronensaft, Knoblauch, Joghurt und Olivenöl in eine Schale geben und verrühren. Mit Salz und Pfeffer abschmecken.

Über den Salat träufeln und unterheben. Sofort servieren.

Rucola rockt

Rucola ist reich an Folsäure, Vitamin A und B-Vitaminen und enthält auch eine ordentliche Portion Vitamin K. Nicht zu vernachlässigen sind auch die Mineralien Eisen, Magnesium, Kalium, Calcium und Phosphor.

Bunter Bohnensalat mit Cashews

Pro Portion: 290 kcal 16,8 g Fett 5,8 g ges. Fetts. 12,3 g Eiweiß 23,5 g Kohlenhydrate 7,2 g Ballaststoffe

Eine kleine Handvoll Cashewkerne und etwas Feta verleihen diesem sättigenden Bohnensalat Biss und Cremigkeit – einfach köstlich!

Für 4 Personen

- 85 g gemischte Salatblätter, z.B. Spinat, Rucola und Frisée
- ½ rote Zwiebel, halbiert und in feinen Scheiben
- 40 g Radieschen, in feinen Scheiben
- 100 g Cocktailtomaten, halbiert
- 55 g gegarte Rote Bete (Abtropfgewicht), gewürfelt
- 25 g getrocknete Cranberrys
- 140 g Cannellini-Bohnen aus der Dose, abgespült und abgetropft
- 100 g rote Kidney-Bohnen aus der Dose, abgespült und abgetropft
- 150 g Flageolet-Bohnen aus der Dose, abgespült und abgetropft
- 25 g geröstete Cashewkerne
- 120 g Feta (Abtropfgewicht), zerkrümelt

Dressing

- 2 EL natives Olivenöl extra
- ½ TL Dijon-Senf
- 1 EL Zitronensaft
- 1 EL grob gehackter frischer Koriander
- Salz und Pfeffer

So geht's

Die Salatblätter in eine Salatschüssel geben. Zwiebel, Radieschen, Tomaten, Rote Bete, Cranberrys und alle Bohnen in einer zweiten Schüssel mischen.

Für das Dressing Öl, Senf, Zitronensaft und Koriander in ein Schraubglas füllen. Salzen und pfeffern. Zuschrauben und kräftig schütteln. Über die Bohnenmischung träufeln und unterheben. Dann die Bohnenmischung auf die Salatblätter geben und vermengen.

Den Salat auf vier Servierschalen verteilen. Mit Cashewkernen und Feta garnieren und sofort servieren.

Coole Cashews

Cashewkerne haben weniger Fett als die meisten anderen Nüsse, und das meiste Fett besteht aus ungesättigten Fettsäuren. Sie haben einen hohen Gehalt an Antioxidantien und deshalb herzschützende Eigenschaften.

Mediterrane Wraps

Pro Portion: 298 kcal 15,4 g Fett 2,5 g ges. Fetts. 7,3 g Eiweiß 32,3 g Kohlenhydrate 4,5 g Ballaststoffe

Diese Wraps sind perfekt für unterwegs oder als schneller Snack und kommen bei Groß und Klein super an.

Für 4 Personen

- 1 kleine Zucchini, in dicken Scheiben
- 1 rote Paprika, in Stücken
- 1 EL Olivenöl
- 4 weiche Wrap-Fladen
- 6 EL Tomatenmark
- 85 g Babyspinat, grob gehackt
- 4 Artischockenherzen in Öl, abgetropft und geviertelt
- 8 getrocknete Tomaten in Öl, abgetropft und geviertelt
- 16 entsteinte schwarze Oliven
- 50 g frisches Basilikum, Blätter zerzupft

So geht's

Den Backofen auf 190 °C vorheizen. Zucchini und Paprika nebeneinander auf ein Backblech legen. Mit dem Öl beträufeln und darin wenden. Im vorgeheizten Ofen 20 Minuten rösten, bis das Gemüse weich ist und zu bräunen beginnt.

Inzwischen die Fladen dünn mit dem Tomatenmark bestreichen. Mit dem Spinat belegen.

Geröstetes Gemüse, Artischocken, getrocknete Tomaten, Oliven und Basilikum in einer Schüssel vermengen und auf den Fladenbroten verteilen. Fest aufrollen, durchschneiden und servieren.

Artige Artischocke

Artischocken sind ballaststoffreich, enthalten größere Mengen an Folsäure und B-Vitaminen sowie die Vitamine C und K. An Mineralien liefern sie Kupfer, Calcium, Mangan, Phosphor und Eisen.

Sommerlicher Gartensalat

Pro Portion: 124 kcal 7,3 g Fett 0,5 g ges. Fetts. 5,8 g Eiweiß 17,8 g Kohlenhydrate 8,3 g Ballaststoffe

Ein würziges, fettarmes Tomatendressing ist die ideale Ergänzung für diesen knackigen Sommersalat. Er schmeckt allein oder zu gegrilltem Hähnchen oder Fisch.

Für 4 Personen

* 500 g Stangenbohnen, geschnibbelt
* 300 g Tomaten, gewürfelt
* 2 Romana-Salatherzen, in mundgerechten Stücken
* 25 g frische Minze, fein gehackt
* 25 g frischer Schnittlauch, in Röllchen

Dressing

* 2 TL Olivenöl
* 1 rote Zwiebel, fein gehackt
* 2 Knoblauchzehen, fein gehackt
* 500 g Tomaten, gewürfelt
* 1 TL geräuchertes scharfes Paprikapulver (Pimentón)
* 3 EL Sherry-Essig
* Salz und Pfeffer

So geht's

Die Bohnen in einen Topf mit kochendem Wasser geben und 3–4 Minuten knackig gar kochen. Mit kaltem Wasser abschrecken, abtropfen und abkühlen lassen.

Für das Dressing das Öl in einem Topf erhitzen. Die Zwiebel darin bei kleiner bis mittlerer Hitze 5 Minuten weich dünsten. Knoblauch, Tomaten und Paprikapulver zufügen. Dann den Essig unterrühren. Salzen und pfeffern. Bei geschlossenem Deckel 5 Minuten dünsten, bis die Tomaten weich werden. In eine Salatschüssel geben und abkühlen lassen.

Die Bohnen in die Schüssel geben und mit dem Dressing mischen. Rohe Tomaten, Salat, Minze und Schnittlauch unterheben. Sofort servieren.

Schützende Tomaten

Vitamin A, C und E sowie die Spurenelemente Zink und Selen, die alle in Tomaten vorhanden sind, fangen freie Radikale ein, die bei Stress entstehen. Lycopin, der Farbstoff, der für die rote Farbe der Tomaten verantwortlich ist, trägt zum Schutz vor bestimmten Krebsarten bei, weil er die Schädigung durch freie Radikale eindämmt.

Detox

Rotkohlsalat mit cremigem Auberginenmus

Pro Portion: 315 kcal 16,7 g Fett 1,6 g ges. Fetts. 7,3 g Eiweiß 38,6 g Kohlenhydrate 13,4 g Ballaststoffe

Mit diesem frischen Salat tun Sie Ihrem Verdauungssystem etwas Gutes. Für das Mus werden Auberginen kräftig gegrillt, damit sie ein schönes rauchiges Aroma erhalten.

Für 4 Personen

* 2 Karotten
* 350 g Rotkohl, gehobelt
* 55 g Rosinen
* 125 g gemischte Salatblätter, z.B. Feldsalat, Salatmangold, Postelein
* Saft von 1 Orange
* Pfeffer

Auberginenmus

* 3 Auberginen
* 3 Knoblauchzehen, fein gehackt
* 2 EL Tahini
* 3 EL Hanföl

So geht's

Für das Auberginenmus den Backofengrill vorheizen. Die beiden Enden der Auberginen mehrmals mit einer Gabel einstechen. Auf ein Backblech legen und mit 5 cm Abstand von der Heizschlange 15–20 Minuten unter mehrmaligem Wenden grillen, bis die Schalen schwarz sind. Abkühlen lassen.

Die Karotten mit einem Gemüseschäler in lange, dünne Streifen schneiden. Mit Kohl, Rosinen und Salatblättern auf einer Servierplatte anrichten. Mit dem Orangensaft beträufeln und mit Pfeffer würzen.

Die Auberginen halbieren und das Fruchtfleisch mit einem Löffel herausschaben. Fein hacken und in eine Schüssel geben. Knoblauch, Tahini und Hanföl unterrühren. Mit etwas Pfeffer abschmecken. In eine Servierschale füllen und diese in die Mitte der Salatplatte setzen, damit jede Person das Mus nach Belieben über den Salat geben kann.

Detox mit Rotkohl

Seine intensive dunkelrote Farbe ist ein Hinweis darauf, dass Rotkohl viele Antioxidantien enthält: Den Flavonoiden wird eine krebsvorbeugende Wirkung nachgesagt. Die Indole wiederum sollen das Risiko für Brustkrebs durch die Veränderung des Östrogenspiegels reduzieren.

Friséesalat mit Walnussdressing

Pro Portion: 200 kcal 19,3 g Fett 2,3 g ges. Fetts. 3 g Eiweiß 5,7 g Kohlenhydrate 2,3 g Ballaststoffe

Zum Entgiften reichen manchmal auch so einfache Mahlzeiten wie dieser leichte, knackige Salat mit honiggerösteten Walnüssen.

Für 4 Personen

* ½ Friséesalat, in mundgerechten Stücken
* 1 Romana-Salatherz, in mundgerechten Stücken

Dressing

* 55 g Walnusskerne, grob gehackt
* 3 EL Olivenöl
* 1 TL flüssiger Honig
* 1 EL Weißweinessig
* 1 TL Dijon-Senf
* Pfeffer

So geht's

Für das Dressing die Walnüsse mit 1 Esslöffel Öl in eine Pfanne geben und bei mittlerer Hitze 2–3 Minuten leicht anbraten. Die Pfanne vom Herd nehmen, den Honig darüberträufeln und unterrühren. Die Pfannenhitze ist ausreichend, damit die Mischung leicht karamellisiert.

Das restliche Öl einrühren und 15 Minuten abkühlen und ziehen lassen. Essig und Senf in eine Schale geben und glatt rühren. Leicht mit Pfeffer würzen. In die Walnuss-Öl-Mischung rühren.

Frisée- und Romanasalat in einer Salatschüssel mischen. Das Dressing darübergeben und unterheben. Sofort servieren.

Warum Walnüsse?

Walnüsse sind reich an Eiweiß und Ballaststoffen und enthalten viele essenzielle Aminosäuren. Ihr Öl besteht zum Großteil aus mehrfach ungesättigten Fettsäuren.

Gado-Gado-Salat

Pro Portion: 255 kcal 17,9 g Fett 2,7 g ges. Fetts. 10,4 g Eiweiß 17,5 g Kohlenhydrate 6,1 g Ballaststoffe

Wenn man rohen Blumenkohl und Brokkoli mit knackigen Bohnensprossen und Gurke mischt und das Ganze mit einer indonesischen Erdnusssauce überzieht, entsteht aus ganz gewöhnlichen Zutaten etwas exotisch Besonderes.

Für 4 Personen

* 250 g Blumenkohl, in kleinen Röschen
* 115 g Brokkoli, in kleinen Röschen
* 115 g Wirsing, in feinen Streifen
* 150 g Bohnensprossen
* 300 g Salatgurke, geschält, längs halbiert, entkernt und in dicken Scheiben
* 1 rote Paprika, in kleinen Stücken

Erdnusssauce

* 2 EL Erdnussöl
* 85 g ungesalzene Erdnüsse, fein gehackt
* 2 Knoblauchzehen, fein gehackt
* 2 EL Sojasauce
* Saft von 2 Limetten
* ½ roter Chili, entkernt und fein gehackt

So geht's

Blumenkohl, Brokkoli, Wirsing, Sprossen, Gurke und Paprika in einer Salatschüssel mischen.

Für die Erdnusssauce 1 Esslöffel Öl in einer Pfanne erhitzen. Erdnüsse und Knoblauch darin bei mittlerer Hitze 2–3 Minuten unter Rühren anbraten. Die Pfanne vom Herd nehmen und Sojasauce, Limettensaft, Chili und restliches Öl unterrühren. Abkühlen lassen.

Vor dem Servieren die Sauce über den Salat geben und unterheben. Auf vier Servierschalen verteilen und sofort servieren.

Bombige Bohnensprossen

Die Sprossen der Mungbohne sind eine traditionelle Zutat der asiatischen Küchen und auch bei uns mittlerweile in allen Supermärkten erhältlich. Sie haben wenig Kalorien und sind vielseitig in Salaten, Reis- und Nudelgerichten verwendbar.

Regenbogensalat mit Wasabidressing

Pro Portion: 117 kcal 8,8 g Fett 0,8 g ges. Fetts. 4 g Eiweiß 7,4 g Kohlenhydrate 1,7 g Ballaststoffe

Ein Salat muss nicht aufwendig sein, um gut zu schmecken. Es kommt nur auf die Qualität der Zutaten an. Dieser bunte Salat ist eine vergnügliche Art für Kinder wie Erwachsene, etwas wagemutiger bei der Wahl der Zutaten zu sein.

Für 4 Personen

* 1 EL Sonnenblumenöl
* 4 EL Sonnenblumenkerne
* 2 EL Sojasauce
* 200 g bunter Mangold, Blätter in Streifen, Stiele in Stiften

Dressing

* 1 TL Wasabipaste
* 1 EL Mirin
* Saft von 1 kleinen Orange

So geht's

Das Öl in einer Pfanne erhitzen. Die Sonnenblumenkerne darin bei mittlerer Hitze 2–3 Minuten bei geschlossenem Deckel anbraten, bis die Kerne zu knacken beginnen. Dabei häufiger an der Pfanne rütteln. Die Pfanne vom Herd nehmen. Die Sojasauce zugießen, den Deckel wieder aufsetzen und abkühlen lassen.

Für das Dressing Wasabipaste, Mirin und Orangensaft in ein Schraubglas füllen. Zuschrauben und kräftig schütteln.

Mangoldblätter und -stiele in einer Salatschüssel mischen. Das Dressing darüberträufeln und untermischen. Sonnenblumenkerne mit der Sojasauce darübergeben und sofort servieren.

Sonnenblumenkerne

Sonnenblumenkerne sind ein guter Lieferant für Vitamin E, ein wirkungsvolles Antioxidans, und Linolsäure, die für den Erhalt der Zellmembrane benötigt wird. Nach Belieben können Sie größere Mengen Sonnenblumenkerne rösten und als Knabberei in einem Glas aufbewahren.

Buchweizennudel-Gemüse-Salat

Pro Portion: 370 kcal 17,5 g Fett 3,4 g ges. Fetts. 16 g Eiweiß 40 g Kohlenhydrate 5,9 g Ballaststoffe

Für diesen japanisch inspirierten Salat werden gesunder Brokkoli und eiweißreiche Sojabohnen mit Buchweizennudeln gemischt und mit einem Tamari-Ingwer-Dressing angemacht.

Für 4 Personen

- 150 g Soba-Nudeln
- 200 g TK-Edamame (Sojabohnen, aus dem Asia-Shop)
- 225 g Brokkoli, in kleinen Röschen, Stiele in Scheiben
- 1 rote Paprika, in feinen Streifen
- 1 violette oder orange Paprika, in feinen Streifen
- 115 g braune Champignons, in feinen Scheiben
- 85 g Sonnenblumensprossen

Dressing

- 2 EL Reisessig
- 2 EL Tamari (japanische Sojasauce)
- 4 EL Reisöl
- 4-cm-Stück frische Ingwerwurzel, geschält und fein gerieben

So geht's

Kaltes Wasser in den Boden eines Dämpftopfes füllen und zum Kochen bringen. Nudeln und gefrorene Edamame hineingeben und erneut zum Kochen bringen. Den Brokkoli in den Dämpfeinsatz geben und diesen in den Topf setzen. Bei geschlossenem Deckel 3–5 Minuten dämpfen, bis Nudeln und Gemüse knackig gar sind. Nudeln und Edamame abschrecken und abtropfen lassen. In eine Schüssel geben und den Brokkoli zugeben. Abkühlen lassen.

Für das Dressing Essig, Tamari, Öl und Ingwer in ein Schraubglas füllen, zuschrauben und leicht schütteln. Über den Salat träufeln und unterheben.

Paprika und Pilze zufügen und ebenfalls unterheben. Auf vier Salatschalen verteilen. Mit den Sprossen garnieren und sofort servieren.

Edamame

Japanische Edamame sind frische Sojabohnen. Sie liefern alle essenziellen Fettsäuren und sind somit hervorragend geeignet für eine vegetarische Ernährung. Des Weiteren enthalten sie Vitamin K, Folsäure, Mangan, Ballaststoffe und Isoflavone. Dieser östrogenähnliche Pflanzenstoff kann Wechseljahrsbeschwerden mildern.

Salat mit Tofu in Misoglasur

Pro Portion: 204 kcal 11,5 g Fett 1,3 g ges. Fetts. 12,8 g Eiweiß 14,5 g Kohlenhydrate 4,6 g Ballaststoffe

Eiweißreicher Tofu wird mit Sojasauce, Miso und Knoblauch glasiert und auf einem Bett aus knackigem grünem Spargel und Sprossen serviert. Gesund und superlecker!

Für 4 Personen

* 400 g fester Tofu, abgetropft und in 1 cm dicken Scheiben
* 1 EL Sesamsaat
* 85 g Zuckererbsen, in feinen Streifen
* 115 g Bohnensprossen
* 150 g grüner Spargel, in langen, dünnen Streifen
* 1 Zucchini, in Stiften
* 1 Romana-Salatherz, in Streifen
* 25 g frischer Koriander, grob gehackt
* 85 g Sprossenmix

Glasur

* 3 EL Reisweinessig
* 2 EL Sojasauce
* 3 EL Sonnenblumenöl
* 1 EL helles Miso
* 2 Knoblauchzehen, fein gehackt

So geht's

Für die Glasur Essig, Sojasauce Öl, Miso und Knoblauch in ein Schraubglas füllen, zuschrauben und kräftig schütteln.

Den Backofengrill vorheizen. Ein Backblech mit Alufolie belegen. Die Tofuscheiben darauf verteilen und mit einer Messerspitze rautenförmig einritzen. Mit dem Sesam bestreuen. Mit der Hälfte der Glasur beträufeln und 8–10 Minuten unter einmaligem Wenden goldbraun grillen.

Zuckererbsen, Sprossen, Spargel, Zucchini und Salat auf eine Servierplatte geben. Das restliche Dressing darüberträufeln und untermischen. Mit Koriander und Sprossen bestreuen. Die heißen Tofuscheiben darauf anrichten. Die Glasur vom Backblech darübergießen. Sofort servieren.

Quinoasalat mit Fenchel & Orange

Pro Portion: 388 kcal 8,3 g Fett 1,9 g ges. Fetts. 10 g Eiweiß 54 g Kohlenhydrate 8,4 g Ballaststoffe

Fenchel ist harntreibend und beruhigt den Magen, was ihn für eine kleine Detox-Kur empfiehlt. Darüber hinaus enthält er Betacarotine und Folsäure.

Für 4 Personen

* 900 ml Gemüsebrühe
* 225 g Quinoa, abgespült und abgetropft
* 3 Orangen
* 250 g Fenchel, in feine Scheiben gehobelt, Fenchelgrün in kleine Stücke geteilt und für die Garnierung beiseitegelegt
* 2 Frühlingszwiebeln, fein gehackt
* 15 g frische glatte Petersilie, grob gehackt

Dressing

* Saft von ½ Zitrone
* 3 EL Olivenöl
* Pfeffer

So geht's

Die Brühe in einem Topf zum Kochen bringen und die Quinoa darin 10–12 Minuten köcheln lassen, bis sie glasig wird. Abtropfen, in eine Salatschüssel füllen und abkühlen lassen.

Von zwei Orangen die Schale fein abreiben und in ein Schraubglas füllen. Alle drei Orangen großzügig schälen, sodass auch die weiße Innenhaut entfernt wird, und filetieren. Die Orangenreste auspressen und den Saft im Schraubglas auffangen.

Orangenfilets, Fenchel, Frühlingszwiebeln und Petersilie unter die Quinoa mischen.

Für das Dressing Zitronensaft und Öl in das Schraubglas füllen. Leicht mit Pfeffer würzen. Zuschrauben und kräftig schütteln. Über den Salat träufeln und unterheben. Den Salat mit Fenchelgrün garnieren und sofort servieren.

Erstklassige Quinoa

Quinoa, ausgesprochen „kien-wa", enthält alle acht essenziellen Aminosäuren, ist cholesterinfrei, ballaststoff- und mineralreich, außerdem kalorienärmer als die meisten Samen- und Getreidesorten und eine tolle Grundlage für Salate.

Hafer-Tabouleh

Pro Portion: 348 kcal 18,2 g Fett 3,2 g ges. Fetts. 10,2 g Eiweiß 37 g Kohlenhydrate 7,4 g Ballaststoffe

Wer glaubt, dass Hafer nur in Flockenform schmeckt, sollte einmal ganze Körner kaufen und damit diesen köstlichen Salat mit feinem Nussaroma zubereiten. Er steckt voller Energie spendender komplexer Kohlenhydrate sowie Ballaststoffe.

Für 4 Personen

* 1,2 l Gemüsebrühe
* 175 g ganze Haferkörner
* 4 Frühlingszwiebeln
* 300 g grüner Spargel
* 1 Zucchini, in diagonalen Scheiben
* 25 g frische Minze, grob gehackt

Dressing

* fein abgeriebene Schale und Saft von 1 Zitrone
* 1 EL Hanföl
* 3 EL Olivenöl
* 1 TL fein zerstoßene Kreuzkümmelsamen
* 1 TL fein zerstoßene Koriandersamen
* Pfeffer

So geht's

Die Brühe in einem Topf zum Kochen bringen und die Haferkörner darin 25 Minuten köcheln lassen, bis sie weich und aufgeplatzt sind. Abtropfen lassen, in eine Salatschüssel füllen und abkühlen lassen.

Für das Dressing Zitronenschale und -saft, Hanföl, Olivenöl, Kreuzkümmel- und Koriandersamen in ein Schraubglas füllen. Leicht mit Pfeffer würzen. Zuschrauben und kräftig schütteln.

Eine Grillpfanne stark erhitzen. Zwiebeln, Spargel und Zucchini in eine Schüssel geben. Die Hälfte des Dressings darüberträufeln und unterheben. In die heiße Pfanne geben und 2–3 Minuten unter gelegentlichem Wenden anbraten, bis das Gemüse beginnt, weich zu werden und Grillstreifen bekommt. Abkühlen lassen, dann auf ein Schneidebrett geben und in mundgerechte Stücke schneiden.

Das restliche Dressing unter den Hafer mischen. Abgekühltes Gemüse und Minze zugeben und unterheben. Auf vier Servierschalen aufteilen und servieren.

Super Spargel

In der traditionellen Pflanzenmedizin wurde Spargel zur Entwässerung und Beruhigung eingesetzt. Heute wird das Königsgemüse hauptsächlich wegen seiner antioxidativen Eigenschaften geschätzt. Es ist reich an Carotinen und B-Vitaminen, enthält außerdem die Vitamine C und E. An Gicht leidenden Personen wird wegen des hohen Gehalts an Purinen vom Spargelverzehr abgeraten.

Graupensalat mit Sommergemüse

Pro Portion: 265 kcal 15,7 g Fett 3,3 g ges. Fetts. 7 g Eiweiß 22,7 g Kohlenhydrate 5,9 g Ballaststoffe

Für diesen sättigenden Salat werden Graupen mit frischen Erbsen und dicken Bohnen kombiniert. Er liefert reichlich Ballaststoffe und hat einen niedrigen GI.

Für 4 Personen

- 1,2 l Gemüsebrühe
- 150 g Graupen
- 425 g dicke Bohnen, gepalt (175 g netto)
- 150 g junge Erbsen
- 2 Frühlingszwiebeln, geviertelt
- 2 Stängel frischer Estragon, Blätter fein gehackt
- 25 g frische glatte Petersilie, gehackt
- 25 g Erbsensprossen

Dressing

- 2 EL Leinöl
- 2 EL Reisöl
- 1 EL Weißweinessig
- 1 TL Dijon-Senf
- 1 TL grob zerstoßene Koriandersamen
- ¼ TL zerstoßene getrocknete rote Chilis
- Pfeffer

So geht's

Die Brühe in den Boden eines Dämpftopfes füllen und zum Kochen bringen. Die Graupen darin 20 Minuten bei geschlossenem Deckel köcheln lassen. Die dicken Bohnen in den Dämpfeinsatz geben und einsetzen. Bei geschlossenem Deckel 5–10 Minuten dämpfen, bis Graupen und Bohnen knackig gar sind.

Die Graupen abtropfen lassen und in eine Salatschüssel geben. Ein Drittel der dicken Bohnen und rohen Erbsen untermischen. Restliche Bohnen und Erbsen mit Frühlingszwiebeln, Estragon und Petersilie im Mixer fein hacken. Unter die Graupen mischen.

Für das Dressing Leinöl, Reisöl, Essig, Senf, Koriandersamen und Chilis in ein Schraubglas füllen. Mit Pfeffer würzen. Zuschrauben und kräftig schütteln. Über den Salat träufeln und unterheben. Auf vier Servierschalen verteilen. Mit den Erbsensprossen garnieren und servieren.

Eiweißbomben

Proteine sind ein elementarer Baustein für fast jede Körperzelle, und tatsächlich bedeutet das aus dem Griechischen stammende Wort so viel wie „von oberster Bedeutung". Proteine werden fürs Wachstum und die Erneuerung des Körpergewebes, zur Enzym- und Hormonproduktion und als Neurotransmitter gebraucht. Anders als bei Fleisch enthalten die meisten pflanzlichen Proteine nicht alle acht essenziellen Aminosäuren. Deshalb sollten Sie versuchen, verschiedene Gemüseproteine zu kombinieren, indem Sie Getreide und Hülsenfrüchte mischen.

Linsensalat mit mediterranem Röstgemüse

Pro Portion: 464 kcal 21,8 g Fett 2,4 g ges. Fetts. 17,8 g Eiweiß 50 g Kohlenhydrate 17 g Ballaststoffe

Linsen und ganze Getreidekörner sind wichtig für jede Detox-Kur. Sie sind ausgezeichnete Lieferanten für komplexe Kohlenhydrate, Ballaststoffe, Eiweiß, Vitamine und Mineralien. Sie sind eine preiswerte und sättigende Basis für viele Gerichte.

Für 4 Personen

* 2 kleine rote Paprika, geviertelt
* 2 Zucchini, in dicken Scheiben
* 2 rote Zwiebeln, geachtelt
* 400 g Tomaten, halbiert
* 300 g Baby-Auberginen, längs halbiert
* 3 Zweige frischer Thymian, Blätter abgezupft
* 2 Knoblauchzehen, fein gehackt
* 3 EL Olivenöl
* 225 g Puy-Linsen
* 25 g frische glatte Petersilie, grob gehackt
* Pfeffer

Dressing

* 3 EL Hanföl
* 2 EL Balsamico-Essig
* Saft von 1 Zitrone

So geht's

Den Backofen auf 200 °C vorheizen. Die Paprika mit der Haut nach oben in eine große Bratform legen. Zucchini, Zwiebeln, Tomaten und Auberginen ringsum verteilen.

Mit Thymian und Knoblauch bestreuen. Leicht pfeffern und mit dem Olivenöl beträufeln. Im vorgeheizten Ofen 30 Minuten garen, bis das Gemüse weich und an den Rändern gebräunt ist.

Die Linsen in einen Topf mit kochendem Wasser geben und darin 20 Minuten gar köcheln. Unter fließend kaltem Wasser abspülen und abtropfen lassen. In eine Salatschüssel füllen und abkühlen lassen.

Für das Dressing Hanföl, Balsamico-Essig und Zitronensaft in ein Schraubglas füllen. Mit Pfeffer würzen, zuschrauben und kräftig schütteln.

Das Dressing über die Linsen träufeln und unterheben. Die Paprikastücke häuten und in Streifen schneiden. Mit dem restlichen Gemüse unter die Linsen mischen. Den Gemüsesaft aus der Bratform darübergießen. Mit der Petersilie garnieren und sofort servieren.

Nicht so salzig!

Bei einer Detox-Kur sollten Sie Salz möglichst vermeiden oder zumindest drastisch reduzieren. Zu viel Salz kann zu Bluthochdruck führen, was wiederum Herzerkrankungen, Schlaganfall und Nierenprobleme fördert. Der tägliche Salzkonsum sollte 6 g – das entspricht etwa 1 Teelöffel – nicht überschreiten, aber viele verarbeitete Lebensmittel enthalten mehr Salz, als man denkt. Entfernen Sie den Salzstreuer vom Esstisch und versuchen Sie nach und nach, die Menge beim Kochen zu reduzieren. Verwenden Sie zum Aromatisieren stattdessen Gewürze, Kräuter, Knoblauch und verschiedene Essigsorten.

Gazpacho-Salat

Pro Portion: 140 kcal 10,6 g Fett 1,3 g ges. Fetts. 2,2 g Eiweiß 10 g Kohlenhydrate 2,5 g Ballaststoffe

Alle Aromen dieser spanischen Suppe sind hier in diesem knackigen, nährreichen Salat vereint und werden mit einer fruchtigen Tomaten-Würzpaste verfeinert.

Für 4 Personen

* 500 g Tomaten, halbiert, entkernt und gewürfelt
* 85 g Salatgurke, längs geviertelt, entkernt und in dicken Scheiben
* 1 Selleriestange, gewürfelt
* 1 Frühlingszwiebel, fein gehackt
* ½ gelbe Paprika, gewürfelt
* frisches Basilikum, zum Garnieren

Dressing

* 40 g getrocknete Tomaten in Öl, abgetropft
* 2 EL Olivenöl
* 1 EL Hanföl
* 2 EL Rotweinessig
* 1 Knoblauchzehe, fein gehackt
* 1 Prise zerstoßene getrocknete rote Chilis
* Pfeffer

So geht's

Tomaten, Gurke, Sellerie, Frühlingszwiebel und Paprika in einer Salatschüssel mischen.

Für die Würzpaste die getrockneten Tomaten im Mixer mit Oliven- und Hanföl, Essig, Knoblauch und Chili zu einer groben Paste verarbeiten. Mit Pfeffer abschmecken.

Die Paste über den Salat geben und unterheben. Mit Basilikum garnieren und servieren.

Register

Ananas
Exotischer Salat mit Kokosnuss 46
Jamaikanischer Fruchtsalat mit Pute 123
Salatnester mit Avocado, Ananas & Grapefruit 42
Artischocken
Artischocken-Schinken-Salat 58
Mediterrane Wraps 149
Auberginen
Linsensalat mit mediterranem Röstgemüse 172
Rotkohlsalat mit cremigem Auberginenmus 154
Avocados
Avocado-Mais-Salat mit Biss 80
Knackiger Salat mit Avocado & Mandeln 73
Salatnester mit Avocado, Ananas & Grapefruit 42
Superfood-Salat mit Tomaten & Mozzarella 69
Blaubeeren
Bunter Drei-Saaten-Salat 100
Erfrischendes Zitrusdressing 36
Salat mit dreierlei Beeren 108
Brokkoli
Buchweizennudel-Gemüse-Salat 162
Gado-Gado-Salat 158
Salat mit Steak & leichtem Thousand Island Dressing 120
Superleichter Nizza-Salat 130
Brunnenkresse
Feuriger Calamari-Salat 26
Salat mit Birne, Sellerie, Blauschimmel & Walnüssen 66
Cranberrys
Bunter Bohnensalat mit Cashews 146
Gesunder roter Salat mit Brokkoli 98
Reissalat mit Cranberrys & Pute 118
Eier
Bohnensalat mit Tomaten, Zwiebeln & Ei 39
Caesar Salad mit glasiertem Hühnchen 55
Griechischer Linsensalat 96
Konfettisalat mit Omelettröllchen 136
Erdbeeren: Vitamin-B-Bombe aus Feta, Erdbeeren & Bohnen 90
Fisch
Asia-Reissalat mit Thunfisch 128
Energiespender aus Linsen, Kartoffeln & Thunfisch 61
Räucherlachssalat mit Spargel & Krebsfleischdressing 129
Salat mit gegrilltem Wolfsbarsch 21
Superleichter Nizza-Salat 130
Warmer Salat mit Kartoffeln & Lachs 57
Geflügel
Caesar Salad mit glasiertem Hühnchen 55
Fruchtiger Floridasalat 19
Gehaltvoller Hähnchensalat 84
Hirnnahrung aus Couscous und Grillhähnchen 86
Jamaikanischer Fruchtsalat mit Pute 123
Knackiger Geflügelsalat 125
Pikanter Hähnchensalat 121
Putensalat mit Tamarinde 18
Reissalat mit Cranberrys & Pute 118
Vietnamesischer Geflügelsalat 126
Goji-Beeren
Erfrischender Rindfleischsalat 16
Exotischer Salat mit Kokosnuss 46
Junge Salatblätter mit Himbeerdressing 44
Salat mit dreierlei Beeren 108
Weizen-Goji-Beeren-Salat 105
Grapefruits
Fruchtiger Floridasalat 19
Salat mit gegrilltem Wolfsbarsch 21
Salatnester mit Avocado, Ananas & Grapefruit 42
Grünkohl
Avocado-Mais-Salat mit Biss 80
Erfrischender Rindfleischsalat 16
Fruchtiger Floridasalat 19
Gehaltvoller Hähnchensalat 84
Putensalat mit Tamarinde 18
Salat mit indischen Gewürzen 102
Warmer Salat mit Kartoffeln & Lachs 57
Weizen-Goji-Beeren-Salat 105
Himbeeren
Junge Salatblätter mit Himbeerdressing 44
Salat mit dreierlei Beeren 108
Kapern
Griechischer Linsensalat 96
Warmer Salat mit Kartoffeln & Lachs 57
Kartoffeln
Energiespender aus Linsen, Kartoffeln & Thunfisch 61
Rindfleisch-Kartoffel-Salat mit Meerrettich-Ricotta-Dressing 54
Schlanker Kartoffelsalat 138
Selleriesalat mit grünem Spargel 75
Superleichter Nizza-Salat 130
Warmer Salat mit Kartoffeln & Lachs 57
Linsen
Energiespender aus Linsen, Kartoffeln & Thunfisch 61
Griechischer Linsensalat 96
Linsensalat mit mediterranem Röstgemüse 172
Warmer Linsensalat 62
Lollo Rosso: Salat mit dreierlei Beeren 108
Mangos
Exotischer Salat mit Kokosnuss 46
Fruchtiger Floridasalat 19
Jamaikanischer Fruchtsalat mit Pute 123
Meeresfrüchte
Feuriger Calamari-Salat 26
Garnelen-Bohnen-Bruschetta 89
Meeresfrüchtesalat 25
Räucherlachssalat mit Spargel & Krebsfleischdressing 129
Salat mit Garnelen & Tortillastrips 133
Melonen
Klassischer Schinken-Melonen-Salat mit Pecorino 14
Rucola mit Ziegenkäse & Wassermelone 28
Nudeln
Buchweizennudel-Gemüse-Salat 162
Ingwer-Nudel-Salat mit süßsaurem Schweinefleisch 50
Vollkornnudelsalat mit Ofentomaten 64
Nüsse
Bunter Bohnensalat mit Cashews 146
Friséesalat mit Walnussdressing 156
Gado-Gado-Salat 158
Salat mit Birne, Sellerie, Blauschimmel & Walnüssen 66
Salat mit Roter Bete, Spinat & Brie 93
Selleriesalat mit grünem Spargel 75
Weizen-Goji-Beeren-Salat 105
Oliven
Ach so gesunder griechischer Hirtensalat 33
Artischocken-Schinken-Salat 58
Mediterrane Wraps 149
Salat mit pochierten Eiern 72
Superfood-Salat mit Tomaten & Mozzarella 69
Superleichter Nizza-Salat 130
Pilze
Asia-Reissalat mit Thunfisch 128
Buchweizennudel-Gemüse-Salat 162
Salat mit pochierten Eiern 72
Spinat-Pancetta-Salat 53
Pinienkerne
Gehaltvoller Hähnchensalat 84
Vitamin-B-Bombe aus Feta, Erdbeeren & Bohnen 90
Vollkornnudelsalat mit Ofentomaten 64
Quinoa
Cholesterinsenkender Getreidesalat 114
Konfettisalat mit Omelettröllchen 136
Quinoasalat mit Fenchel & Orange 166
Radieschen
Bohnensalat mit Feta 134
Bunter Bohnensalat mit Cashews 146
Bunter Sommersalat mit Joghurtdressing 145
Erfrischender Rindfleischsalat 16
Rote-Bete-Zaziki-Schiffchen 34
Reis
Asia-Reissalat mit Thunfisch 128
Cholesterinsenkender Getreidesalat 114
Gehaltvoller Hähnchensalat 84
Reissalat mit Cranberrys & Pute 118
Reissalat mit Roter Bete 76
Rindfleisch
Erfrischender Rindfleischsalat 16
Rindfleisch-Kartoffel-Salat mit Meerrettich-Ricotta-Dressing 54
Salat mit Steak & leichtem Thousand Island Dressing 120
Rotkohl
Gesunder roter Salat mit Brokkoli 98
Rotkohlsalat mit cremigem Auberginenmus 154
Salat mit indischen Gewürzen 102
Schweinefleisch
Artischocken-Schinken-Salat 58
Ingwer-Nudel-Salat mit süßsaurem Schweinefleisch 50
Klassischer Schinken-Melonen-Salat mit Pecorino 14
Reissalat mit Cranberrys & Pute 118
Spinat-Pancetta-Salat 53
Spargel
Abwehrstarkes Gemüse-Carpaccio 104
Asia-Reissalat mit Thunfisch 128
Hafer-Tabouleh 168
Räucherlachssalat mit Spargel & Krebsfleischdressing 129
Salat mit Tofu in Misoglasur 164
Selleriesalat mit grünem Spargel 75
Tofu: Salat mit Tofu in Misoglasur 164
Weißkohl: Fruchtiger Floridasalat 19
Wirsing: Gado-Gado-Salat 158
Zuckererbsen
Asia-Reissalat mit Thunfisch 128
Ingwer-Nudel-Salat mit süßsaurem Schweinefleisch 50
Salat mit Tofu in Misoglasur 164